法治中国丛书

《科学技术普及法》贯彻实施的成效与展望

The Implement Achievements and Prospect of
Law on Popularization of Science and Technology

田　禾　栗燕杰　等著

中国社会科学出版社

图书在版编目(CIP)数据

《科学技术普及法》贯彻实施的成效与展望 / 田禾等著. —北京：中国社会科学出版社，2023. 10

ISBN 978 - 7 - 5227 - 2727 - 1

Ⅰ. ①科…　Ⅱ. ①田…　Ⅲ. ①科学普及—教育法—研究报告—中国
Ⅳ. ①D922. 174

中国国家版本馆 CIP 数据核字(2023)第 211859 号

出 版 人　赵剑英
责任编辑　马婷婷
责任校对　朱妍洁
责任印制　王　超

出　　版　中国社会科学出版社
社　　址　北京鼓楼西大街甲 158 号
邮　　编　100720
网　　址　http://www.csspw.cn
发 行 部　010 - 84083685
门 市 部　010 - 84029450
经　　销　新华书店及其他书店

印刷装订　北京明恒达印务有限公司
版　　次　2023 年 10 月第 1 版
印　　次　2023 年 10 月第 1 次印刷

开　　本　710 × 1000　1/16
印　　张　13. 5
插　　页　2
字　　数　180 千字
定　　价　75. 00 元

目　录

第二部分　《科普法》实施的问题与缺失

第三部分　以法治方式促进科普大发展

导　论

（一）中国科普制度的历史沿革

党和政府有着重视科技及其普及教育的传统。在陕甘宁边区时期，徐特立提出，“前进的政党必然把握着前进的科学”①。1941 年《陕甘宁边区施政纲领》提出，“提倡科学知识与文艺运动”，“实施公务人员的两小时学习制”，并明确提出“科学大众化”的要求，系当代“科普”之先声。1949 年，在《共同纲领》的制定过程中，竺可桢等科学家提出应重视普及科学知识。“奖励科学的发现和发明，普及科学知识”被写入了《共同纲领》第 43 条。新中国成立后，各部门各机构相继就科普出台了相应的政策和文件。如 1954 年中华全国总工会、全国科普协会做出《关于加强科学技术宣传工作的联合指示》，1957 年 4 月 1 日农业部、林业部、卫生部、文化部、教育部、团中央、全国妇联、全国科普协会发出《关于开展农村科学技术宣传工作的联合通知》等。

改革开放以来，科普工作受到党和国家的高度重视。1994 年，中共中央、国务院《关于加强科学技术普及工作的若干意见》提出，必须从社会主义现代化事业的兴旺和民族强盛的战

① 邱若宏：《徐特立及其科技思想》，《西南交通大学学报》（社会科学版）2010 年第 4 期。

略高度重视和开展科普工作。2002 年 6 月 29 日，《中华人民共和国科学技术普及法》（以下简称《科普法》）颁布实施，科普工作被纳入法治化轨道。以《科普法》为核心的科学技术普及法律、配套政策、地方立法已成为科教兴国战略和可持续发展战略的重要法律依托。之后，《国家中长期科学和技术发展规划纲要（2006—2020 年）》要求实施全面科学素质行动计划，加强国家科普能力建设，建立科普事业的良性运行，加强对科学技术普及的支持，并明确要求：在全社会大力弘扬科学精神，宣传科学思想，推广科学方法，普及科学知识。2007 年，科技部、中共中央宣传部、国家发展和改革委员会、教育部、国防科学技术工业委员会、财政部、中国科协、中国科学院出台《关于加强国家科普能力建设的若干意见》（国科发政字〔2007〕32 号），将加强国家科普能力建设作为建设创新型国家的一项重大战略任务。2015 年，中共中央办公厅、国务院办公厅发布《关于加快构建现代公共文化服务体系的意见》，提出要积极开展面向老年人、未成年人的科技普及活动、深入推进公共图书馆、博物馆、文化馆、纪念馆、美术馆等免费开放活动范围。2016 年，中共中央、国务院发布了关于《推进防灾减灾救灾体制机制改革的意见》，指出要定期开展社区防灾减灾宣传教育活动、加大防灾减灾科普宣传方面的经费投入。2018 年，应急管理部、教育部、科技部等印发《加强新时代防震减灾科普工作的意见》的通知，指出为深入贯彻党的十九大和十九届三中全会精神，应全面贯彻习近平总书记关于防灾减灾救灾重要论述，进一步提高全社会防御地震灾害的知识和能力，促进全社会共同减轻地震风险，全面提升抵御地震灾害综合防范能力。2021 年，水利部、共青团中央、中国科协发布关于《加强水利科普工作的指导意见》，指出水利科普工作对于落实国家创新驱动发展战略，提升全民水科学素养，引导公众爱水、护水、支持水利事业，具有重要作用。为加强水利科普工作顶层设计，推动水利科技创新和科学普及协同发展，深入实施全民科学素质行动。2021 年，中国科协印发《中国科协关于新时代加强学会科普工作的意见》，要求进一步提高对学会科普工作的认识，明确学会科普工作的职责定位，完善服务体系，加强条件保障，充分调动广大科技工作者参与科普工作的积极性，推动学会科普工作高质量发展，营造良好创新生态。2022 年，国家卫生健康委、中央宣传部、中央网信办、科技部、工业和信息化部、广电总局、国家中医药局、中国科协、健康中国行动推进委员会办公室印发了《关于建立健全全媒体健康科普知识发布和传播机制的指导意见》，指出为贯彻落实党中央决策部署，推进实施健康中国战略，营造清朗的健康科普环境，依据《基本医疗卫生与健康促进法》《广告法》《科学技术普及法》等法律法规，建立健全全媒体健康科普知识发布和传播机制，增加全社会健康科普知识高质量供给，满足人民群众日益增长的健康需求。2022 年，中共中央办公厅、国务院办公厅印发《关于新时代进一步加强科学技术普及工作的意见》，指出现今对科普工作重要性认识不到位、落实科学普及与科技创新同等重要的制度安排尚不完善、高质量科普产品和服务供给不足、网络伪科普流传等问题，面对新时代新要求，为进一步加强科普工作，进一步普及科学技术知识、弘扬科学精神、传播科学思想、倡导科学方法。2022 年，中国科协办公厅印发《中国科协 2022 年科普工作要点》，提出为学习贯彻习近平新时代中国特色社会主义思想，全面贯彻落实党的十九大和十九届历次全会精神，深入实施全民科学素质行动，打造高质量科普服务体系。

党的十八大以来，科普理念不断提升普及，科普工作持续取得显著成效，科普的战略地位得以明显提高。2021 年 6 月，国务院印发的《全民科学素质行动规划纲要（2021—2035 年)》中明确提出，要实施科技资源科普化、科普信息化提升、科普基础设施、基层科普能力提升四大建设工程，具体涉及制定政策方针、建设基础设施和提升科普传播等工作。提出到 2025 年，“科学普及与科技创新同等重要”的制度安排基本形成；到 2035 年，科普公共服务均等化基本实现。

“十四五”规划时期，各级政府和相关部门纷纷出台科普行动实施方案，加快科普实施工作。生态环境部制定了《“十四五”生态环境科普工作实施方案》，旨在提高全民生态环境科学素质与行动自觉，实现从“要我环保”到“我要环保”的转变。中国地质调查局印发了《中国地质调查局“十四五”科学技术普及工作方案》，提出进一步完善地质调查科普作品体系、明显提升地质调查科普传播体系、进一步建立地质调查科普特色品牌以及显著增强公众对地质学的认知等发展目标。科技部、中央宣传部、中国科协印发了《“十四五”国家科学技术普及发展规划》，指出为深入贯彻落实习近平总书记关于科普工作的重要指示精神，要落实党中央、国务院有关决策部署，推进新时代科普事业发展。市场监管总局办公厅公布了《进一步加强计量文化建设和科普宣传工作的指导意见》，提出加强计量文化建设和科普宣传工作、培育计量文化研究及科普基地、开发计量科普资源等部署，推动计量文化建设和科普宣传工作更加广泛深入、扎实有效开展，进一步增强全社会计量意识。自然资源部办公厅、科技部办公厅印发《自然资源科学技术普及“十四五”工作方案》，为深入贯彻落实党的二十大精神，将习近平总书记“科技创新、科学普及是实现创新发展的两翼，要把科学普及放在与科技创新同等重要的位置”①的指示精神落到实处。自然资源部、科技部印发《国家自然资

① 习近平：《为建设世界科技强国而奋斗——在全国科技创新大会、两院院士大会、中国科协第九次全国代表大会上的讲话》，人民出版社 2016 年版，第 18 页。

源科普基地管理办法（试行)》，指出为贯彻落实习近平总书记关于科技创新和科学普及工作的重要论述，要引导和规范国家自然资源科普基地建设和运行管理，促进自然资源科技创新和科学技术普及工作协调发展。广东省人民政府发布《广东省全民科学素质行动规划纲要实施方案（2021—2025 年)》，重点实施科普信息化提升等 6 项工程；云南省人民政府印发《云南省全民科学素质行动实施方案（2021—2025 年)》，重点实施青少年科学素质提升行动等 5 项行动和科技资源科普化等 5 项工程，普洱市、保山市、曲靖市、玉溪市、西双版纳州、红河州、大理白族自治州、怒江州相继出台本区域《全民科学素质行动实施方案（2021—2025 年)》，重点实施青少年科学素质提升行动等 5 项行动和科技资源科普化等 5 项工程；四川省人民政府印发《四川省全民科学素质行动实施方案》，重点实施青少年科学素质提升活动等 5 项活动和深化“天府科技云”智慧科普建设等 5 项重点任务。

（二）研究意义和目的

当今世界正处于“百年未有之大变局”，各种风险挑战空前增多，全球科技博弈、科技对抗不断加剧。一个国家的创新水平越来越多地依赖全体国民科学素质的普遍提升。科学技术普及既是生产力提高的加速器，也是科学技术成果转化的催化剂。科学技术普及作为科技与社会的联系枢纽，有利于形成全民合力，使科学技术及其应用延伸到社会各个领域，促进国家科技创新硬实力和软实力的综合提升。

中国是世界上首个对科学技术普及进行专门立法的国家。长期以来，党中央和国务院高度重视科学技术普及工作。进入新时代以后，党中央将科技强国建设提到更高的战略地位。习近平总书记指出，“建设世界科技强国，不是一片坦途，唯有创新才能抢占先机”①，并提出“科技创新、科学普及是实现创新发展的两翼，要把科学普及放在与科技创新同等重要的位置”②。在此背景下，对出台已实施20年的《科普法》进行全面、科学的评估，是贯彻党中央和总书记决策部署的重要举措，也是进行《科普法》修订工作的重要保障。中国社会科学院法学研究所接受科技部的委托，于2022年1—6月对《科普法》的实施状况进行了全面和深入的评估，并形成了调研评估报告。其数据更新至2022年年底。

（三）《科普法》实施的研究路径

项目组搜集了各领域科普工作现状的数据，通过数据分析和文献整理，从政策出台、组织机构、设施建设、重点人群、宣教活动、应急科普、科普经费投入与激励措施、科普产业、科普人才队伍并结合国外科普事业发展的相关经验十个方面入手，对中央和地方的发展进行分析总结，指出了当前发展存在的问题，并对发展前景提出了建议和展望。

1. 理念原则

一是突出独立、中立与客观原则。独立、中立与客观是法律实施评估的成败关键所系，也是其公信力和生命力的源头活水。科普法的实施评估必须始终秉持独立、中立和客观原则。科普法实施的第三方评估，科技部作为委托部门，对负责评估

① 习近平：《为实现我国探月工程目标乘胜前进　为推动世界航天事业发展继续努力》（http://www.xinhuanet.com/politics/2019-02/20/c_1124142195.htm）。

② 习近平：《为建设世界科技强国而奋斗——在全国科技创新大会、两院院士大会、中国科协第九次全国代表大会上的讲话》，人民出版社2016年版，第18页。

的基础资料提供、联系、协调等工作；评估工作由中国社会科学院牵头，法学研究所承办，具体由中国社会科学院国家法治指数研究中心、法学研究所法治指数创新工程评估组负责实施，并邀请相关领域的专家、协会、企业、社会组织广泛参与研究和论证。

二是突出使命导向、问题导向和需求导向。在使命导向方面，突出新时代背景下科普工作对中央决策部署的对标对表情况。在问题导向方面，评估努力找准并分析科普法实施面临的问题，如有的规定已不能与新时代科普工作相适应，科普市场作用发挥有限、社会力量有待进一步激活、科普经费来源单一、科普队伍建设参差不齐、科普在区域之间、领域之间发展不均衡、产业化程度不高等新挑战新问题凸显等，为修订《科普法》提供相应参考依据。在需求导向方面，评估强调弘扬科学精神、突出公众需求、社会需求和治理现代化需求。尤其是，通过评估，发现法律存在的缺失、不足，服务法律修改之需求。

三是全面调查与重点审视相结合。针对科普涉及领域多，与群众关系密切的特点，力求做到全面听取意见和重点深入分析相结合。通过座谈会、民意调查、网上征集意见等方式，广泛搜集社会各界意见建议。与此同时，根据新时代形势要求，确定评估重点，针对关键性、体制性问题，予以深入研讨。

四是专业评估和数据分析相结合。评估组以法学研究所为核心，联合中国社会科学院兄弟院所和相关科研院所，组建了一个专业性强且来源广泛的评估专家团队，形成“强有力的评估核心小组+兼具专业性、代表性、广泛性的专家咨询团队”的评估模式，确保评估的客观性和专业性。在数据搜集统计方面，兼顾客观数据及主观数据，对各地区、各领域和各行业的科普数据进行了广泛搜集并基于大数据技术进行分析。

2. 研究方法

评估方法的科学性和可操作性可保证评估报告的科学性和

准确性。为此，评估组采取了以下评估方法。

一是调研和座谈。评估期间，评估组联系科技部及相关机构，地方政府，以及企业、协会、企业等部门，通过实地考察、座谈走访、查阅资料等方式，了解了《科普法》实施的现状、效果，发展瓶颈，各方诉求等。

二是数据分析。为把握《科普法》实施现状，评估组全面搜集整理《科普法》实施相关数据，通过对各领域、各地区之间的科普状况进行横向和纵向的对比，获取了大量的分析数据。

三是案例剖析。评估组搜集了各地的典型案例事例、探索做法，提炼和总结了其经验、创新和做法，研讨和分析了存在的瓶颈问题，提出了值得推广或需要重视的建议和意见。

3. 研究流程

（1）准备及文献搜集整理阶段

第一步，是开始调研前的准备工作，收集整理《科普法》相关资料，了解《科普法》实施以来存在的问题，以及有关修改或废止的建议建言。如整理和分析国内、国外与科普相关的立法和政策，以及各部门领域、各地方的相关立法、体制、制度、配套文件情况；研究现有理论文献，系统分析和对比《科普法》与上位法、同位法等法律、法规、规章的契合度；在消化已有资料的前提下，确定重点选题，完成调研问卷设计初稿、调研候选地区、参与部门单位名单等工作。

（2）调研座谈访谈阶段

主要包括，走访科技部，展开调研。受疫情影响，调研采用线上线下相结合的方式，召开数次调研座谈会，广泛听取各部门的意见和建议，以对《科普法》实施以来的成效、瓶颈、困难等有更深刻的认识和把握。在国内东中西部分别选取若干具有典型性、代表性的地区进行调研，《科普法》在不同地区的实施差异。

(3) 评估及数据整理阶段

评估组集中整理所搜集到的数据、案例，形成评估报告及专题报告初稿。

(4) 评估报告定稿阶段

在线上组织专家座谈会，讨论评估报告初稿，形成了评估报告及专题报告定稿，并征求各方意见，修订优化完善。

第一部分 《科普法》的实施成效

一　科普政策与规划建设概况

科普政策规划体现未来长远发展方向，是开展科普工作，落实“新时代科普观”的重要引领和抓手。为深入贯彻习近平总书记关于科技创新与科学普及“一体两翼”重要指示精神，推动我国科普事业发展，本研究通过对我国科普规划进行系统性梳理，为政策体系的优化和完善提供决策参考。

（一）重点科普政策规划出台情况

2002 年 6 月 29 日颁布的《科普法》是新中国成立以来颁布的第一部也是唯一一部以开展科普工作为主题的法律，为科普工作指明方向，发挥了纲举目张的作用，有力推动了我国科普事业的发展。《科普法》第二条界定了“科学技术普及”的定义，即“国家和社会普及科学技术知识、倡导科学方法、传播科学思想、弘扬科学精神的活动”，并在总结新中国成立以来科学技术普及工作经验的基础上，以法律形式对科学技术普及工作应当遵循的基本原则，组织管理，社会责任，实施科学技术普及工作各主体的相互关系，保障措施与法律责任等一系列问题做出规定。《科普法》为其他科普政策规划的制订提供了法律依据，是开展科普工作的重要依据，描摹出科普事业发展的基本蓝图。

中共中央宣传部、全国人大教科文卫委员会、科学技术部等关于《学习宣传和实施〈中华人民共和国科学技术普及法〉的通知》，科学技术部、中共中央宣传部、国家发展和改革委员会等关于《加强国家科普能力建设的若干意见》等文件的出台体现了党和政府对科普工作的高度重视；同时颁布了一些配套政策保证科普事业的顺利发展，如在科普税收优惠方面，新闻出版总署《关于鼓励科普事业发展税收政策问题的通知》及其他相关文件，对综合类科技报纸和科技音像制品在出版环节的发行收入，实行增值税先征后退；对科普基地免征营业税，并详细列出综合类科技报纸与进口影视作品的名单与税号范围。

2006 年，国务院印发了我国首个《全民科学素质行动计划纲要实施工作方案》，并随后成立了全民科学素质工作领导小组。根据该工作方案的要求，相关部门联合发布一系列文件，一是对重点科普人群做出规划要求，如《农民科学素质行动实施工作方案》《2006—2007 城镇劳动人口提高科学素质行动方案》《2006—2010 年领导干部和公务员科学素质行动实施工作方案》；二是对科普资源开发和科普设施建设做出了宏观指导，如《科普资源开发与共享工程实施方案》提出要繁荣科普创作，引导、鼓励和支持科普产品和信息资源的开发，以中国数字科技馆为龙头，建设科普信息资源共享交流平台，探索科普产品资源服务公众的有效模式，营造有利于科普资源开发与共享的政策环境等主要任务；三是建立和完善科普监测评估体系，如《政策法规、队伍建设与监测评估工作实施方案》提出制定《中国公民科学素质基准》，委托有关监测评估机构对公民科学素质状况和《全民科学素质行动计划纲要（2006—2010—2020 年）》实施情况进行试评估，开展全国科普统计工作。

这些文件牵涉的政府部门较多，给科普工作的协调统领增加了困难，如牵头单位如何监督保证各责任单位落实要求，全民科学素质工作领导小组如何宏观统筹各领域各部门开展工作等。这些问题如果得不到解决，就会陷入“小马拉大车”的困境，导致工作无法具体开展、政策难以实际落地。

2008 年，全国科学素质工作领导小组撤销，其工作由中国科学技术协会承担。上述重点人群科普、科普资源开发、科普设施建设等内容在后续的全民科学素质规划行动纲要中得到集中体现，如《全民科学素质行动规划纲要（2021—2035 年)》提出 2025 年与 2035 年我国公民具备科学素质比例的目标要分别达到 15% 和 25%；在“十四五”时期重点开展实施青少年科学素质提升行动、农民科学素质提升行动、产业工人科学素质提升行动、老年人科学素质提升行动、领导干部和公务员科学素质提升行动，实施科技资源科普化工程、科普信息化提升工程、科普基础设施工程、基层科普能力提升工程、科学素质国际交流合作工程，实施组织、机制、条件保障。纲要对深入贯彻党的十九大精神，坚持党的全面领导，坚持以人民为中心，坚持新发展理念，统筹推进“五位一体”总体布局，协调推进“四个全面”战略布局，全面贯彻落实习近平总书记关于科普和科学素质建设的重要论述具有重要意义。2022 年 9 月，中共中央办公厅、国务院办公厅印发了《关于新时代进一步加强科学技术普及工作的意见》，聚焦当前科普发展面临的重要问题，进一步明确科普发展的战略任务和使命导向，标志着新时代推进科普工作的系统布局已经形成。

（二）中央部门、人民团体和地方科普政策出台情况

1. 中央部门和人民团体科普政策出台情况

经统计，2002 年 6 月 29 日至 2022 年 12 月 31 日我国中央

部门和人民团体公开发布的与科普工作相关的政策文件共计707份。

（1）联合发文占比增多

从发文形式看，单独发文是科普政策发布的主要形式。707份政策文件中，中央部门或人民团体的单独发文共551份，约占总体发文量的77.93%；联合发文156份，约占总体发文量的22.07%（见图1－1）。

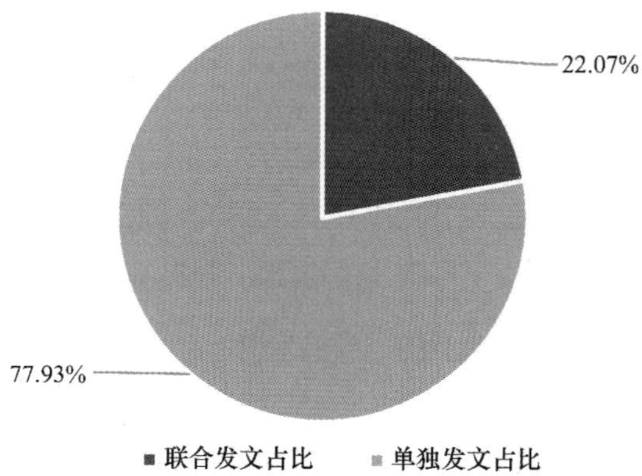

图1－1 中央部门和人民团体科普政策联合发文与单独发文占比

从联合发布政策的单位数量看，由2个单位（包括同属于一个部门类型的）联合发布的政策数量最多，为100份，占联合发文量的64.10%；由3个单位联合发布的数量为25份，占联合发文量的16.03%；由4个单位联合发文数量为10份，占联合发布总量的6.41%；由5个及以上单位联合发文数量为21份，占13.46%（见图1－2）。

从2002年起，以十年为间隔，中央部门或人民团体单独发文占比由81.30%下降到71.13%；联合发文占比由18.70%提高到28.87%（见图1－3）。这表明，总体上，中央部门、人民团体科普政策联合推动的意识有所提高，部门之间的协作有所加强。同时也体现出科普工作的跨部门、跨领域

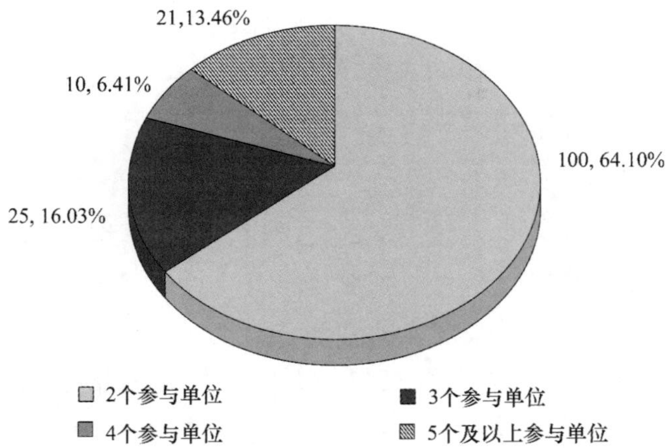

图 1－2　中央部门和人民团体联合发文参与单位数量

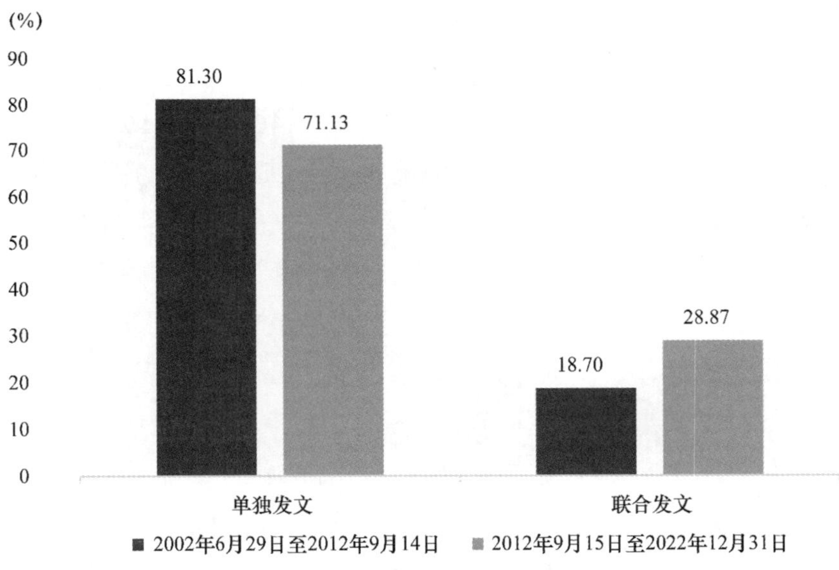

图 1－3　中央部门和人民团体单独发文与联合发文的占比变化

性。这表明单独一个部门缺少有效推动科普事业发展的能力，需要各部门、各团体联合行动，增加科普管理的覆盖面，实现全民科学素质的提高。

综上，在我国科普规划政策的制定出台主体方面，部门或团体单独发文总体上占比较高，一定程度上反映发文部门主体意识较强，积极履职尽责。科普事业作为一项多元性工作，跨部门联合行动有利于使科普工作成效提升，近年来联合发文呈现上升趋势，协作开展科普工作的趋势明显。

（2）发文主体数量较多

从科普政策发布主体看，参与科普政策规划制定的主体众多，多个类型的部门参与了科普政策的制定工作。以中共中央、全国人大、国务院名义发文的数量占比分别为3.96%、6.08%、19.15%。此外，其余中央部门、人民团体发文情况显示，中国科学技术协会发文占比较高，约占全部政策规划的25.63%。作为科普工作的主管部门，科学技术部发文占比也较高，为15.59%。其他国务院部门发文占比显示，自然资源部、教育部、财政部、农业农村部、国家市场监督管理总局、国家发展和改革委员会、应急管理部等占比较高，分别为7.27%、5.55%、4.62%、4.09%、3.70%、3.44%、2.91%（见图1－4）。如自然资源部的工作职能覆盖了灾害防治、环境生态、可持续发展治理、自然资源等科普工作的重点内容；教育部的职能定位包含科学教育、青少年科普等重要工作，在参与科普政策制定中发挥了有力的作用。这显然与相关部门工作内容与科普关系紧密有关，也与其主动参与科普工作的意识有关。

（3）发文形式类别多样

从科普政策文件发文类别看，科普政策文件涉及的类别较多，涵盖方案、意见、决定、通知、办法、条例、法律、纲要、其他共9类。以“通知”形式发布的科普政策文本412份，在总发文数中占比最高，约占58.27%，其次是“意见”类文本95份，约占13.44%。“办法”“纲要”“决定”形式的文本则相对其他形式占比较小，分别约占3.96%、2.40%、2.40%（见图1－5）。

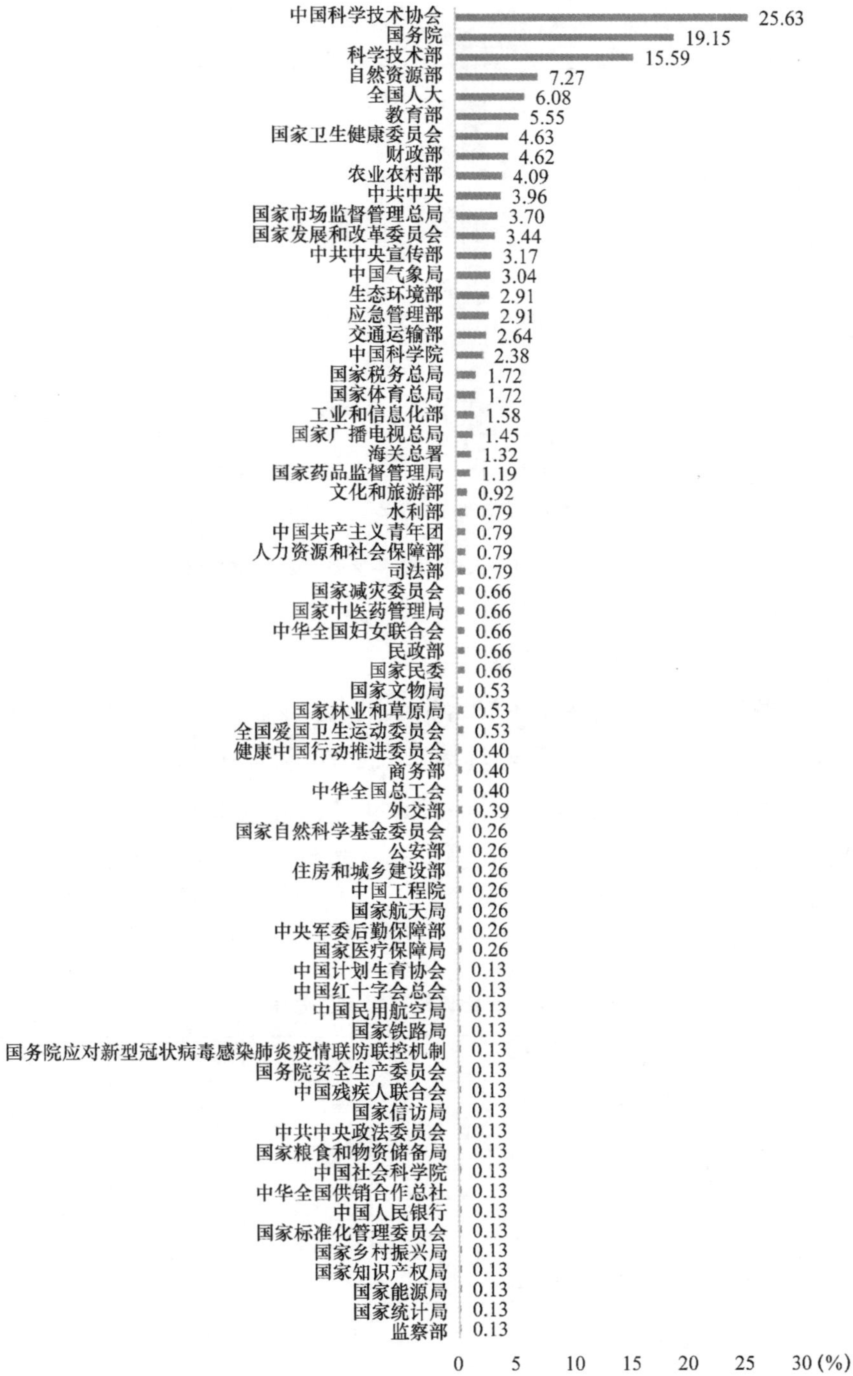

图 1－4 中央部门和人民团体参与科普政策制定占比情况

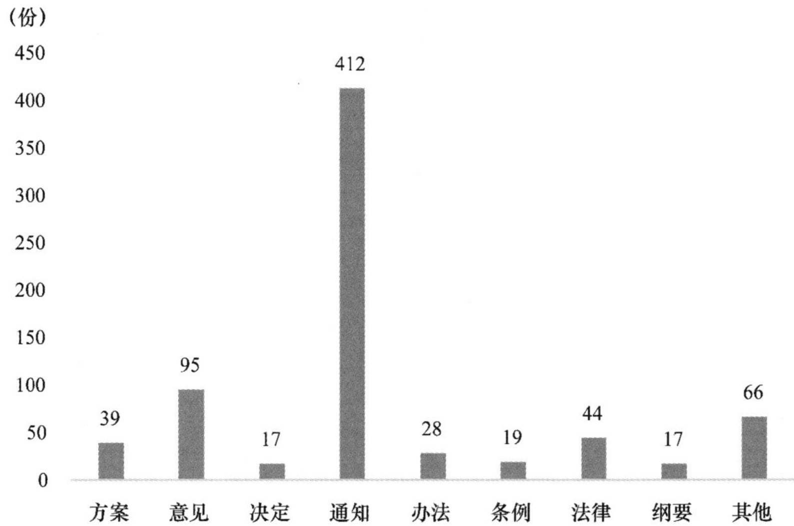

图1－5　中央部门和人民团体科普政策发文类型分布

（4）政策主题专业性较强

从政策主题内容看，中央部门和人民团体发布的科普政策展现出较强的专业性，这与具体部门的专项业务职能紧密相关。如应急管理部政策文本关键词主要为“预测应急”“灾害预防”等；生态环境部的科普规划关键词主要为“生态环境保护”等（见表1－1）。

表1－1　**中央部门和人民团体政策文本关键词筛选**

序号	政策主题	序号	政策主题	序号	政策主题
1	科学技术研究	8	文化活动	15	科普场地
2	农业农村	9	灾害预防	16	地震减灾
3	教育事业	10	食品药品安全	17	国土资源
4	预测应急	11	卫生健康	18	技术创新
5	生态环境保护	12	民族自治	19	科技人才培养
6	科普工作	13	青少年与中小学生	20	公共服务与基础设施建设
7	节能减排环保	14	气象监测	21	科学医疗

续表

序号	政策主题	序号	政策主题	序号	政策主题
22	科普宣传	29	科普事业	36	公共安全监督
23	扶贫事业	30	工业发展	37	节约粮食
24	信息化与数字化	31	知识产权	38	西部地区
25	城乡发展	32	残疾人权益保障	39	妇女权益
26	节水与水资源利用	33	体育活动	40	可持续发展
27	林业资源	34	能源利用	41	志愿事业
28	科普活动	35	科学素质	42	中小企业

从政策文件与科普的相关性程度看，在中央部门和人民团体发布的707份文件中，以科普作为文件中心主题的文件个数有322份，占发布文件总数的45.54%，接近总量的一半。多数的文件仅作为其他主题工作的配套措施之一有所提及，没有进行深度展开。这在一定程度上反映出将科普列为专项任务的工作有待进一步加强。

2. 地方科普政策出台情况

近年来，我国各地区高度重视开展科学普及的地方立法工作。截至2022年12月底，全国31个（不含港澳台地区）省级行政区中，共有29个省级行政区出台了省级科学技术普及条例或《科普法》的实施办法，出台行政区数量约占总数的93.55%。总体上，省级科普在法规、规章的制度设计架构上较完善。

已出台科普地方性法规的省级行政区分别是（见表1－2）：北京市（1998年11月发布）、上海市（2022年2月发布）、天津市（1997年6月发布，2021年11月修正）、河北省（1995年11月发布）、内蒙古自治区（2002年12月发布）、山西省（2007年7月发布，2020年修正）、辽宁省（2011年9月发布）、黑龙江省（2005年10月发布）、江苏省（1998年10月发布，2001年修改）、浙江省（2006年9月发布）、福建省（2007年6月发布）、江西省（2007年9月发布，2020年11月修正）、安徽省（2009年10月发布）、山东省（2003年9月发布）、河南省（2003年9月发布）、湖南省（1998年11月发布，2020年修正）、湖北省（2006年7月发布）、广东省（2021年5月发布）、广西壮族自治区（2005年7月发布）、四川省（1999年8月发布，2012年修正）、贵州省（2002年5月发布）、云南省（2003年3月发布）、陕西省（2000年5月发布，2010年修正）、甘肃省（2010年9月发布）、青海省（2006年3月发布，2020年7月修正）、宁夏回族自治区（2000年11月发布）、西藏自治区（2005年9月发布，2019年修正）、新疆维吾尔自治区（2001年7月发布，2010年修正）、重庆市（2008年12月发布）。

表1-2　　出台科普地方性法规的省级行政区名称及时间

省级行政区名称	发布时间
北京市	1998年11月
上海市	2022年2月
天津市	1997年6月（2021年11月修正）
河北省	1995年11月
内蒙古自治区	2002年12月
山西省	2007年7月（2020年修正）
辽宁省	2011年9月
黑龙江省	2005年10月
江苏省	1998年10月（2001年修正）
浙江省	2006年9月
福建省	2007年6月
江西省	2007年9月（2020年修正）
安徽省	2009年10月
山东省	2003年9月
河南省	2003年9月
湖南省	1998年11月（2020年修正）
湖北省	2006年7月

续表

省级行政区名称	发布时间
广东省	2021 年 5 月
广西壮族自治区	2005 年 7 月
四川省	1999 年 8 月（2012 年修正）
贵州省	2002 年 5 月
云南省	2003 年 3 月
陕西省	2000 年 5 月（2010 年修正）
甘肃省	2010 年 9 月
青海省	2006 年 3 月（2020 年 7 月修正）
宁夏回族自治区	2000 年 11 月
西藏自治区	2005 年 9 月（2019 年修正）
新疆维吾尔自治区	2001 年 7 月（2010 年修正）
重庆市	2008 年 12 月

部分地级市在出台科普地方性法规方面也有积极探索。已有 10 个地级市出台了科学技术普及条例（见表 1－3）：包头市（2005 年 4 月发布）、沈阳市（2000 年 6 月发布）、抚顺市（1996 年 9 月发布，已失效）、南京市（2009 年 6 月发布）、杭州市（2015 年 4 月发布）、宁波市（2018 年 12 月发布）、郑州市（2000 年 11 月发布，2010 年修改）、广州市（2000 年 1 月发布，2020 年修正）、贵阳市（2012 年 1 月发布，2021 年修正）、海口市（2012 年 10 月发布）。深圳市于 2019 年 7 月发布了《深圳经济特区科学技术普及条例》。

表 1－3　**出台科普条例的地级市名称及时间**

地级市名称	发布时间
包头市	2005 年 4 月
沈阳市	2000 年 6 月
抚顺市	1996 年 9 月（已失效）

续表

地级市名称	发布时间
南京市	2009 年 6 月
杭州市	2015 年 4 月
宁波市	2018 年 12 月
郑州市	2000 年 11 月（2010 年修正）
广州市	2000 年 1 月（2020 年修正）
贵阳市	2012 年 1 月发布（2021 年修正）
海口市	2012 年 10 月

在体例上，大多数地方条例或办法是在《科普法》基础构架上作简单补充调整。基本包括总则、组织和管理、形式和内容、社会责任、保障措施、奖励和处罚、附则等，形式较为单一。尤为突出的是涉及法律责任的惩罚相关规定，大多照搬《科普法》原文，如："以科普为名进行有损社会公共利益的活动，扰乱社会秩序或者骗取财物，由有关主管部门给予批评教育，并予以制止；违反治安管理规定的，由公安机关依法给予治安管理处罚；构成犯罪的，依法追究刑事责任。""违反本法规定，克扣、截留、挪用科普财政经费或者贪污、挪用捐赠款物的，由有关主管部门责令限期归还；对负有责任的主管人员和其他直接责任人员依法给予行政处分；构成犯罪的，依法追究刑事责任。"鲜有对其他不当行为追加责任或者将现有惩罚举措进一步细化。由于缺乏具体的罚则规范，许多条例办法存在难以落地的问题。

在内容上，除去总则与附则此类格式化较强的部分，地方科普条例或办法在承袭《科普法》的基础规定时，有新增内容，但同一层次重复度较高。如列出科普工作者的权利与义务，建立科普工作联席会议制度并规定其职责，设立地区性科技周，保证一定数额人均科普活动经费，详细规定教育、卫生健康、体育、生态环境、应急、城市管理等多部门在科普工作中应履行的义务，展开叙述对青少年、农民和工人等特殊受众的科普工作内容等。

这些增设内容在各个地方政策中普遍存在，相互间差异化程度较小。诚然，在政策中互相吸收借鉴优秀经验一定程度上有利于工作开展，在合理区间内适用具有一定现实考量，然而大面积普遍重复难免有形式主义之嫌。

在时序上，在现行39份地方性科普条例、办法中，近十年内颁布或修订的数量仅有14份，占比为35.90%。大部分地方科普条例或办法历时较长，不少规定无法契合当下科普需求。如在科普形式方面，大多数地方仍仅停留在“运用报刊、广播、电视等各种大众传媒，刊载、播放科普公益广告”“综合类和自然科学类报纸、刊物应当开设专栏、刊登科普文章；电影制作、发行、放映单位应当制作、发行、放映科普电影；广播电台、电视台应当开办固定科普宣传栏目，增加科普节目的播出时间”。对新技术、新媒体的应用考虑还不够充分，甚至未纳入立法视野。

部分地区能够积极因地制宜，与时俱进，制定出富有地方特色的科普条例。在各地的科普条例、办法中，上海市的条例文本总体创新度值得关注。如《上海市科学技术普及条例》第八条规定：“本市根据长江三角洲区域一体化发展国家战略的要求，加强与长三角地区在科普资源开发、信息共享、人才交流、活动和展陈等方面的协作联动，并加强与国内其他地区在科普领域的合作。”“鼓励和推动开展科普国际合作，促进国内外科技传播工作的交流，加大具有国际水平的优质科普产品和服务供给，提升科普工作的国际化水平。”立足于区域性国家战略部署，带动周边地区科普工作协作联动；结合自身区位优势，推动开展科普国际合作。在科普传媒上，第十一条要求充分利用新媒体新技术，专门规定：“综合性互联网平台应当开设科普专区，制作或者推送科普内容，提供相关科普服务，履行科普责任。”“鼓励建立专业性科普网络平台。鼓励科普内容创作主体通过网络开展多种形式的科普活动。”“市科技等部门应当支持引导综合性互联网平台、专业性科普网络平台共建共享科普资源，为开展科普工作创造良好环境。”在保障科普的科学性领域，上海市开创性规定：“开展科普活动的单位应当加强对科普内容的科学性审查，有条件的应当建立科学顾问制度，聘请专职或者兼职科学顾问。”“科普作品涉及尚未形成学术共识或者没有明确定论的科学类结论、概念、观点和观念的，创作主体应当声明所创作内容的最新研究状态。”“在政府主办的公益性科普活动中，相关参与方可以依法标注单位名称和商标标识，但不得发布商业广告。”此外，上海市还在科普资源的建设、开发和利用，科普产业发展等多个方面做出规范，对其他地方具有很强的借鉴意义。

（三）科普规划出台情况

1. 中央部门和人民团体科普规划出台情况

《科普法》第十一条第一款、第二款分别规定：“国务院科学技术行政部门负责制定全国科普工作规划，实行政策引导，进行督促检查，推动科普工作发展。”“国务院其他行政部门按照各自的职责范围，负责有关的科普工作。”这些规定明确了国务院行政部门的职责。第十二条“科学技术协会是科普工作的主要社会力量。科学技术协会组织开展群众性、社会性、经常性的科普活动，支持有关社会组织和企业事业单位开展科普活动，协助政府制定科普工作规划，为政府科普工作决策提供建议”，第十八条“工会、共产主义青年团、妇女联合会等社会团体应当结合各自工作对象的特点组织开展科普活动”，则规定了人民团体在科普工作中应承担的义务。

据评估组统计，2002 年 6 月 29 日至 2022 年 4 月 21 日，我国中央部门和人民团体公开发布的与科普工作相关的规划共计 118 份。其中以科普为主题的规划数量为 13 份。2022 年 4 月 21 日之后，又公开发布了《“十四五”国家科学技术普及发展规划》《关于新时代进一步加强科学技术普及工作的意见》等与科普工作相关的规划。

从科普规划发布主体看，参与制定主体较多。除以中共中央、国务院名义发布的科普相关规划总量突出（合计占比33.12%），其他国务院各部门分布总体较为平均。其中，科学技术部、国家发展和改革委员会、教育部等参与科普相关规划制定占比相对较高（见图1-6）。

从规划作用领域与着力点看，科普规划内容主要集中在科普人员、科普场地、科普经费、科普传媒、科普活动等领域，但各领域关注度分布不均匀。数据显示，科普活动是中央部门和人民团体在规划制订中最为关注的内容，占比为58.63%（见图1-7）。重视科普活动能够通过发挥指引导向作用，指导社会各类科普活动的部署实施，加快推进社会各领域科普工作的开展。其次，涉及科普传媒与科普人员的占比也处于较高水平。科普传媒是向受众传播科普知识、传递科学精神，提高公众科学素质水平的重要途径。充分利用传统传媒，创新拓宽新型传播媒介作为科普渠道，有利于打开发展科普事业的新思路、新视野、新局面。人才是第一资源、创新是第一动力。科普人员作为开展科普工作的主力军，是科普内容的主要生产者，他们是科普链条中至关重要的一部分，在科普事业的健康发展中发挥着非常关键的作用。因此，科普政策对科普人员给予了较高的关注。在六项类别中，科普经费在科普规划中占比最少，为27.35%，其制度供给稍显不足。

以科普为主题的规划大多以宏观形式呈现。而国家发展和改革委员会（含原国家发展计划委员会、原国家计划委员会）、科学技术部、财政部、中国科学技术协会联合印发《科普基础设施发展规划（2008—2010—2015年）》以科普设施、科普场地为中心，国家林业局印发的《全国林业从业人员科学素质行动计划纲要（2006—2010—2020年）》以科普人员为中心具体切入。

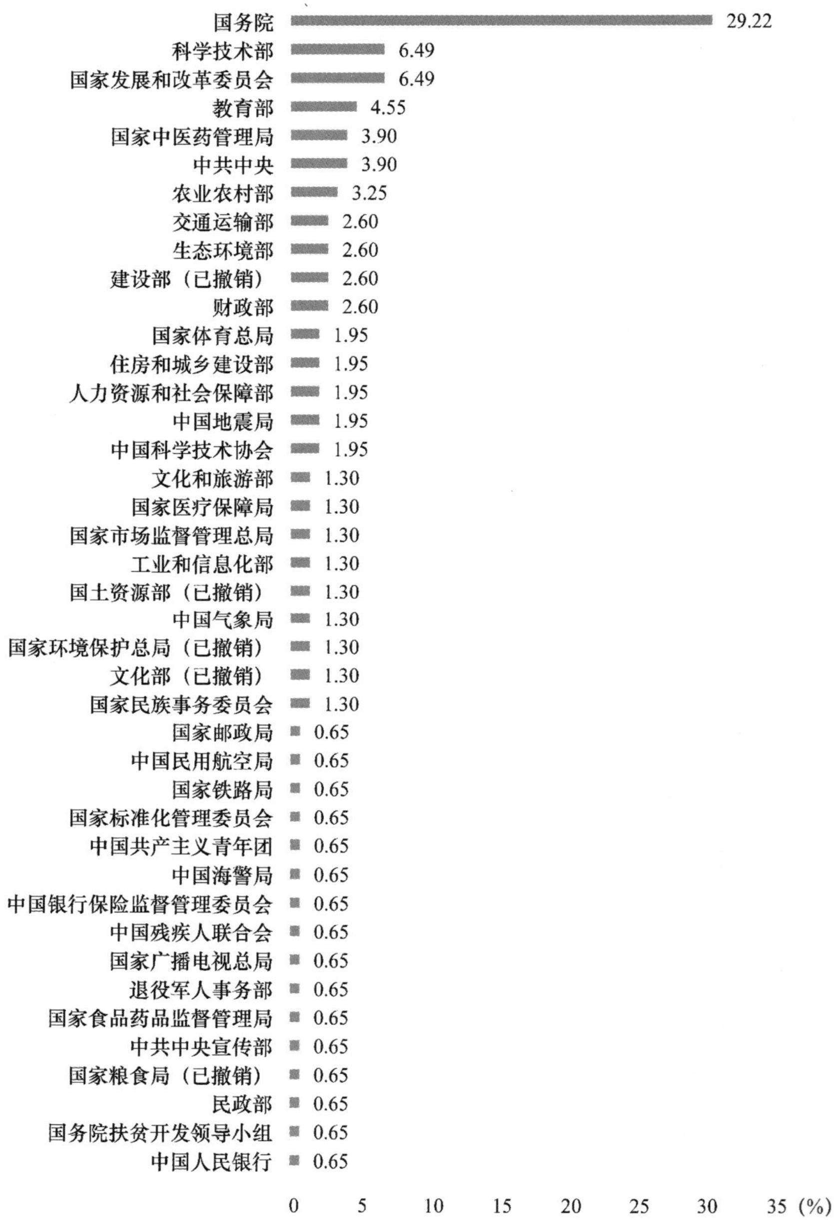

图 1 – 6　中央部门和人民团体参与科普相关规划制订占比情况

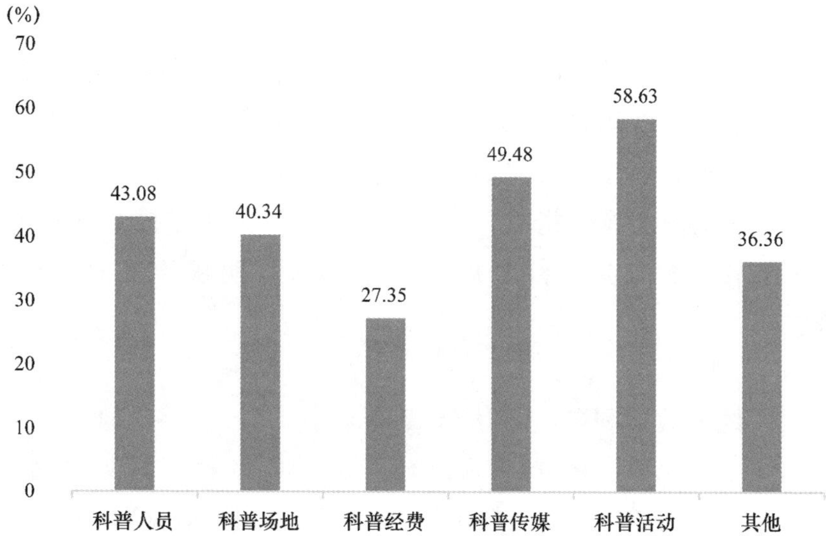

图 1－7　中央部门和人民团体与科普工作相关规划按作用领域划分的分布情况

在规划的明确度上，一些规划采用量化方式对科普工作的目标做出规定。如国家中医药管理局印发的《中医药文化建设“十二五”规划》明确：“实施‘2235’工程，建立一支 200 名国家级、2000 名省级中医药文化研究与科普专家骨干队伍，创作 300 个中医药文化科普作品，建设 50 个中医药文化宣传教育基地，进一步提高中医药文化知识普及率……创作科学准确、通俗易懂、贴近生活的中医药文化精品 300 个（包括科普图书、音像、网络、动漫等多种形式），广泛传播中医药文化知识。”也有规划将科普工作进度落实到具体的年份。如中国气象局印发的《气象科普发展规划（2019—2025 年）》指出，要“建设符合气象现代化业务集需求分析、业务会商、选题策划、产品制作、产品发布、传播效果评估于一体的气象宣传科普综合业务平台。平台实行国家级、省级两级建设，国家级、省级、市级、县级四级应用。其中，省级对国家级科普业务系统进行本地化。到 2020 年，该系统在省级全面落地应用；到 2025 年，实现国家—省—市—县四级全覆盖”。这通过对工作进行细化，增强了规划的可操作性。

总体来看，科普的专门规划中，只有1份未提及量化数据任务，其他文件均在规划中做出了详细的数据指标与具体年份的进度安排；而涉及科普内容的相关规划中，仅有10份规划列出了科普工作的具体指标，6份进行了年份工作安排，分别占比为9.52%、5.71%。科普规划的清晰度、明确度有待进一步加强。

2. 地方政府科普规划出台情况

2021年以来，各地普遍出台了新一轮的科普规划或方案。评估显示，根据《全民科学素质行动规划纲要（2021—2035）》，大多数省市都由本级人民政府印发了新一轮的《全民科学素质行动规划纲要实施方案》，并根据《全民科学素质行动规划纲要》要求，建立了进一步的实施政策，提升科普工作水平。如《广州市全民科学素质行动规划纲要实施方案（2022—2025年）》等。不少省市就科普事业的发展出台了专门的规划文件。如南京市在2021年印发了《南京市科普事业发展“十四五”规划》，上海发布《上海市科学技术委员会2021年印发关于进一步做好区域特色科普工作的通知》，明确了今后科普事业发展的指导思想和发展目标。

评估组对科普相关规划进行分析发现，科普活动是地方政府科普规划制定中最重视的方面，占比达24.88%；关于科普经费相关内容的占比最低，为6.33%（见图1-8）。

为更加详细地挖掘地方科普规划的内容侧重，评估选取31个省级行政区（不含港澳台地区）和27个省会城市共58个行政区作为样本，对地方科普规划条文规定的具体内容进行深入分析（见表1-4）。

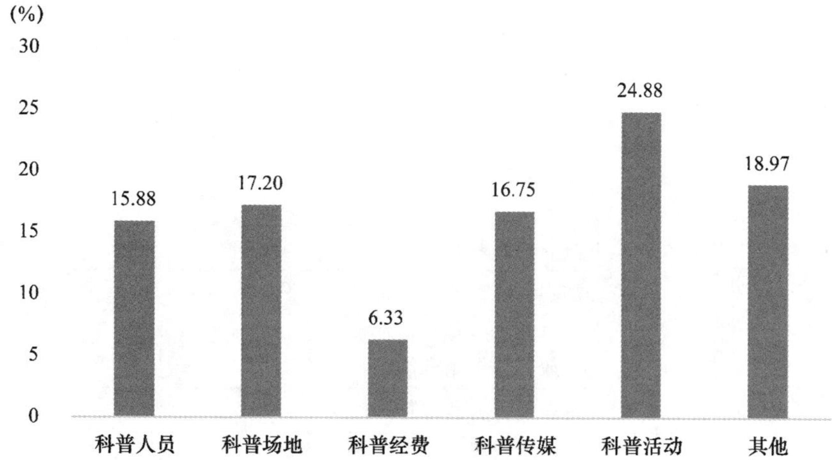

图 1－8　地方政府与人民团体科普规划按作用领域划分的分布情况

表 1－4　58 个行政区科普规划条文规定情况

指标类型		指标名称	涉及相关内容占比（%）
科普人员	科普人员专业性要求	科普场馆配备必要的专职人员	36.21
	不同层次科普人员队伍建设	专家工作站/专家队伍建设	55.17
		建设专兼职科普工作队伍	46.55
		加强科普志愿者队伍建设	74.14
		鼓励科普专家、学者和在校大学生等参与科普工作服务	50.00
	科普人员保障措施	大规模专业技术人员继续教育	25.86
		提高科普在科技考核指标中所占比重	50.00
		科普工作中做出重要贡献的组织和个人，予以表彰和奖励；推动相关科技奖项评定中列入科普工作指标	70.69
科普经费		政府将科普经费列入本级财政预算	56.90
		鼓励科普基金、捐赠财物用于科普事业或者投资建设科普场馆、设施的，依法给予税收优惠	46.55

续表

指标类型	指标名称	涉及相关内容占比（%）
科普场地	将科普设施建设纳入工作纲要/城乡建设规划	79.31
	政府新建、利用、维护和改造科普场馆、科普基地	91.38
	加强特殊形式的科普设施建设	63.79
	推进高等学校、科研院所、企业向公众开放科普场馆和设施	53.45
	企业建设科普宣传阵地	17.24
科普传媒	综合类报纸、期刊增加各类科普出版物的品种和发行量	32.76
	广播电台、电视台开设科普栏目或者转播科普节目、影视生产、发行和放映机构应当加强科普影视作品的制作/增加科技节目的播出时间	55.17
	利用互联网、建设信息化平台	86.21
科普产业	制定科普产业发展政策	25.86
	保护知识产权，或以评优评奖、作品征集等方式，加大对优秀原创科普作品的扶持力度	44.83
	通过招标、奖励、补贴、税收优惠等形式参与科普产品的研发支持产业	36.21
	政府购买服务	17.24
	搭建科普产品和服务交易平台	27.59
	引导利用科技创新创业	24.14
科普组织管理	科普工作列入年度工作计划，纳入目标管理考核	81.03
科普国际交流	促进科普国际交流合作	58.62
科普规划明确度	规划具有明确的数据指标	60.34
	规划具有具体年份的进度安排	44.83

在涉及科普人员的规划内容上，进一步分为科普人员的专业性要求、不同层次科普人员队伍建设、科普人员保障措施。

“科普人员的专业性要求”的对应指标为“科普场馆配备必要的专职人员”，占比为36.21%。专职人员的专业性能够提高科普内容的权威性、可信度，有着重要意义。因此，根据各地实际情况，科普规划可以逐渐增加提高科普场馆中专业人员比重的要求。

科普人员队伍可分为核心专家队伍、专兼职科普工作队伍、科普志愿者队伍与未有固定形态的活动性科普队伍。根据统计数据，“加强科普志愿者队伍建设”与“鼓励科普专家、学者和在校大学生等参与科普工作服务”受到较多关注，分别为74.14%与50.00%（见表1－4），合计总数要高于“专家工作站/专家队伍建设”和“建设专兼职科普工作队伍”的总和。可以看出，当前地方科普规划对于科普人员队伍建设偏重于发展成本低、灵活性强的人才队伍，而对于专家队伍与专兼职科普工作队伍的重视程度则略显不足。

在科普人员保障措施上，《科普法》第二十九条规定：“各级人民政府、科学技术协会和有关单位都应当支持科普工作者开展科普工作，对在科普工作中做出重要贡献的组织和个人，予以表彰和奖励。”通过在科普规划中规定对“科普工作中做出重要贡献的组织和个人，予以表彰和奖励；推动相关科技奖项评定中列入科普工作指标”“提高科普在科技考核指标中所占比重”进行相关配套建设的比率分别为70.69%、50.00%。地区性的科普奖励、职称制度粗具轮廓但未形成规模性体系。科普人员是发展科普事业的主力军，只有尽快建立健全科普人员的职称体系，完善相应的科普工作考核激励制度，才能为科普人员吃一颗“定心丸”，激发其参与科普工作的积极性、主动性。

在科普经费方面，《科普法》第二十三条规定：“各级人民政府应当将科普经费列入同级财政预算，逐步提高科普投入水平，保障科普工作顺利开展。”第二十六、二十七条中也鼓励各类社会主体对科普事业进行各种形式的资金支持。数据显示，只有少数地方科普规划条文规定“政府将科普经费列入本级财政预算”“鼓励科普基金、捐赠财物用于科普事业或者投资建设科普场馆、设施的，依法给予税收优惠”。科普经费是开展科普工作最重要的保障之一，是维持科普事业稳定性、长期性的重要前提。地方政府需要进一步加强对科普经费的支持，将科普经费纳入财政预算规划；同时拓宽资金筹措渠道，积极倡导个人、企业、社会组织等社会力量，通过设立科普基金、资助科普项目等方式，为科学素质的建设提供资金。

在科普场地方面，规定“将科普设施建设纳入工作纲要/城乡建设规划”的占比为79.31%。其中，省一级行政区有4家未找到相关政策措施，整体规定此政策的比率为87.10%（见图1-9）；市一级行政区有8家未找到相关政策措施，整体规定此政策的比率为70.37%（见图1-10）。科普场馆、设施是开展科普活动的重要载体，需要各地政府提高重视程度。《科普法》第二十四条第一款规定，“省、自治区、直辖市人民政府和其他有条件的地方人民政府，应当将科普场馆、设施建设纳入城乡建设规划和基本建设计划”。为此，应加快实现省级行政区将其全面纳入城乡建设规划和基本建设计划，鼓励更多的市级行政区在城乡建设规划和基本建设计划中增加科普设施建设的内容。

关于科普场地类型，规定“政府新建、利用、维护和改造科普场馆、科普基地”的占比较高，约达91.38%，这表明各地对大型科普设施建设已普遍较为重视；但对于像科普长廊、科普宣传栏等特殊形式的科普设施的重视程度相对较低，为63.79%。对于特殊形式的科普设施，《科普法》第二十四条第三款规定：“尚无条件建立科普场馆的地方，可以利用现有的科技、教育、文化等设施开展科普活动，并设立科普画廊、橱窗等。”实际上，这些相对廉价的科普设施能够有效破解区域经济水平较低、经费无法支撑大型科普场地建设的问题，且能因地制宜，根据面向受众的需求精准开展渗透式宣传，应该大力发展。

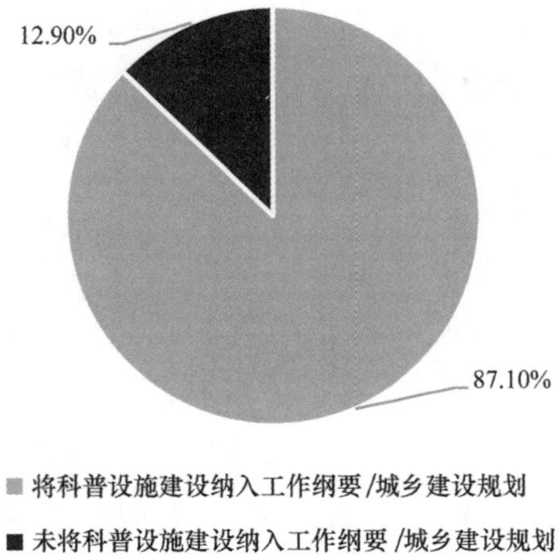

图 1－9　省级行政区科普建设纳入行政规划情况

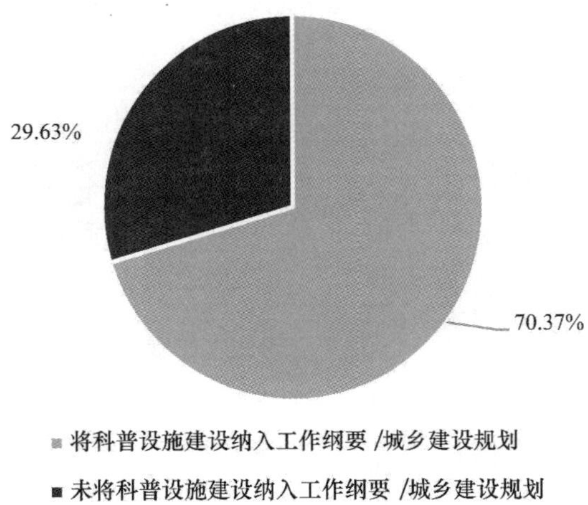

图 1－10　市级行政区科普建设纳入行政规划情况

另外，《科普法》第十五条第一款、第十九条鼓励社会其他主体提供科普场地、设施。将社会科普设施开放使用能够很大程度提升科普资源的利用率，是作为处理科普设施增量阈值的有效举措。而对前后两项做出规定的科普规划分别占总数的 53.45%、17.24%，特别是“企业建设科普宣传阵地”占比相对较低，反映出对科普工作的社会动员有待进一步加强。

关于科普传媒，《科普法》第十六条提出，“新闻出版、广播影视、文化等机构和团体应当发挥各自优势做好科普宣传工作。综合类报纸、期刊应当开设科普专栏、专版；广播电台、电视台应当开设科普栏目或者转播科普节目；影视生产、发行和放映机构应当加强科普影视作品的制作、发行和放映；书刊出版、发行机构应当扶持科普书刊的出版、发行；综合性互联网站应当开设科普网页”。在地方科普规划的制订中，政策文本采取“利用互联网、建设信息化平台”措施作为宣传科普手段最受青睐，达到86.21%。近半数地方政府重视利用广播、电视、影视手段发展科普事业。对报纸、期刊等传统信息载体重视程度相对较低。在信息化大背景下，加大力度运用新技术搭建科普传播新平台符合整体发展趋势，而传统媒体的作用也不能忽视。

在科普产业方面，整体规划规定比例相对较低。发展好科普产业才能充分整合社会力量，为科普事业发展注入新的活力。各地应因地制宜，加大力度推广宣贯、揭榜挂帅，让更多优秀的科普产品进入科普市场，进入科普一线应用场景，积极探索科普产业发展新方法、新路径，服务于现代化的科普。但“制定科普产业发展政策”的仅占25.86%，在宏观政策的支持力度上明显乏力；扶持措施也主要集中在保护知识产权、支持科普产品研发上，且政策规定比例偏低。只有极少数政府在政策中引入了政府购买服务的方式。整体上，地方政府规划在引导科普产业发展上短板明显。

在科普国际交流方面半数以上的地方科普规划对该事项做了规定。《科普法》第九条规定：“国家支持和促进科普工作对外合作与交流。”鉴于我国科普整体水平与一些发达国家相比仍有较大差距，应鼓励根据各地条件，加强国际交流合作，根据我国国情，批判汲取国外先进经验，深化科技人文交流，增进文明互鉴，为改进自身科普工作提供借鉴，服务于构建人类命运共同体。

“科普规划明确度”反映了各地科普政策的“刚性”指数。将工作任务用数据化的方式明确下来能有效减少“一纸空文”、流于形式的现象，也为下一步工作考核的开展提供依据。规划具有明确的数据指标的行政区有35个，如福建省规定到2025年，累计建设100家以上省级科普教育基地。福州市要求至2020年培育80个科普标准化社区。有具体年份的进度安排的有26个，如湖南省要求2023年，开展全省公民科学素质调查，对各地实施本方案进行中期督查；2025年，对“十四五”时期落实本方案及推进全民科学素质工作进行总结和评估。总体上，科普规划明确度仍有较大提升空间。

在规划创新上，一些地区因地制宜，结合当地实际，探索出许多特色性规划和制度机制。如在保障科普内容的科学性上，海口市提出“聘请科普社会监督员，对社会各界开展科普活动进行监督”。在科普职称保障方面，福建省推动将科普工作实绩作为科技人员职称评聘条件；湖北省在规划中指出支持高校院所及各类企事业单位给予科普与科技创新同等待遇，引导更多科技工作者积极投身科普工作。北京市对科技人员的培育作了详尽的规划：“深入实施专业技术人才知识更新工程，五年内培训高层次、急需紧缺和骨干专业技术人才15万人次。推进高级研修项目，以培养高层次人才为重点，每年举办40期左右市级高级研修班，积极推荐申报国家级高级研修项目”；云南省以“企业+院所”“基地+人才”等多种模式搭建科普产业新平台；辽宁省沈阳市等地市将科研院所与科普产业对接，充分听取专家意见，促进科普产业良性发展；山西省在志愿者队伍建设上创新提出，要推进科技志愿服务专业化、规范化、常态化发展，推广群众点单、社区派单、部门领单、科技志愿服务队接单的订单认领模式等。这些探索做法各具特色，值得总结推广。

二 科普设施建设运营情况

科普基础设施是指具有科普功能，向公众开放（参观、体验、学习）的活动场所，包括科普类场馆、活动中心、活动室、科普大篷车、科普画廊、远程教育终端设备和科普教育基地等。科普基础设施是科学技术普及工作的主要载体之一，也是重要的科普服务平台。为此，《科普法》第十四条规定，科技馆（站）、科技活动中心和其他科普教育基地，应当组织开展青少年校外科普教育活动；第十六条规定，科技馆（站）、图书馆、博物馆、文化馆等文化场所应当发挥科普教育的作用。《全民科学素质行动规划纲要（2021—2035 年）》也指出，要加强科普基础设施建设，建立政府引导、多渠道投入的机制，实现资源合理配置和服务均衡化、广覆盖，要加强对科普基础设施建设的统筹规划与宏观指导，创新现代科技馆体系，大力加强科普基地建设。《“十四五”国家科学技术普及发展规划》要求完善科普设施布局，制定科普基地管理办法，统筹各地方各部门科普基地建设。

（一）科普设施有关制度建设情况

科普设施是科普工作的主要阵地和为公众提供科普服务的重要平台。近年来，多个部门和地区出台了加强科普基础设施建设的相关政策，以加速科普场地建设进展，提升精准满足基层或不同用户需求的科普支撑能力。

科普基地认定管理逐步规范化。科普基地的命名认定工作既是对社会力量开展科普工作的肯定，也为科普工作发掘基地资源，有利于科普阵地的发展壮大。完善科普基地的申报、认定、管理、评估、奖励和退出制度机制，既有利于提升科普基地的运行质量和管理水平，更有利于加强和形成中国特色科普体系。科普基地的认定管理，与一般科普活动存在差别，可谓自成一体，值得用单独板块予以评价。

在各行业领域，专门性科普基地的制度规范不断丰富。2020 年，交通运输部、科技部联合印发《国家交通运输科普基地管理办法》，推进以展示交通运输科技成果与发展实践，面向社会公众开展交通运输科技知识普及、宣传交通运输发展和现代化交通理念及先进交通文化为主要任务的国家交通运输科普基地的建设和运行管理，促进交通运输科技创新和科学技术普及工作协调发展。

2021 年，自然资源部、科技部联合印发《国家自然资源科普基地管理办法（试行）》。自然资源科普基地的管理由自然资源部和科技部共同负责。自然资源部设立科普工作办公室，协助组织开展科普基地申报评审、检查评估等工作。2021 年，国家体育总局、科技部联合印发《国家体育科普基地管理办法》，体育总局会同科技部共同负责国家体育科普基地的评审、命名、管理和评估。体育总局设立国家体育科普基地管理办公室，负责组织开展国家体育科普基地的各项日常运行管理和事务性工作。2022 年，《体育总局办公厅、科技部办公厅关于开展首批国家体育科普基地申报与评估工作的通知》则明确了体育科普基地申报的各项条件和流程。2021 年，国家林业和草原局、科学技术部联合印发《国家林草科普基地管理办法》，对科普基地的认定和管理予以规范。2019 年，生态环境部、科技部修订了 2006 年颁布施行的《国家环保科普基地申报与评审暂行办法》，印发《国家生态环境科普基地管理办法》，生态环境部会同科技部共同负责科普基地的管理；成立科普基地管理办公室，设在中国环境科学学会，专职负责生态环境科普基地的建设、运行和管理等日常工作。2021 年，生态环境办公厅、科技部办公厅《关于开展国家生态环境科普基地综合评估工作的通知》则明确了生态环境科普基地评估的各项程序和内容。在地方，多个省市先后出台科普基地管理办法，如《北京市科普基地管理办法》《黑龙江省科普示范基地管理办法》《四川省省级科普基地管理办法》《云南省科普基地管理办法》等，旨在加强科普能力建设，规范科普基地运行与管理，推动科普工作发展。天津市由市科技局、市教委、市科协联合开展科普基地的认定和评估，科普基地的日常管理由科技局负责。

中国气象局基本建成了国家—省—市—县四级实体气象科普场馆体系，力争到 2025 年实现气象科普场馆（展区、流动设施）县级全覆盖。同时，中国气象局加强对科普基地的管理，制定行业标准《气象科普教育基地创建规范》，加强各基地命名认定、活动开展、宣传报道、年度考核、项目申报等日常管理工作。

《2020 年北京市全民科学素质行动工作要点》指出，北京市 2020 年科普工作要点之一是实施科普基础设施工程，推动有条件的企事业单位建设科技博物馆，加强各类自然保护区、地质公园等科普功能；二是发挥北京科学中心引领示范作用，广泛开展科学传播、科学教育、科技展示和科技交流，成为首都地区科普“双升级”实践载体、展教结合创新基地和重大科普活动阵地；三是推进首都科普主平台建设发展，充分发挥首都地区科学教育场馆的科普组织、人才、资源、供给、服务等优势，促进首都地区科学教育场馆内涵提质升级，推动以科学教育为核心的首都科普主题研学及其基地建设。

在各部门、地方实践基础上，建议应考虑出台统一的科普基地制度规范和配套标准。

（二）科普设施建设运行情况

科普场地包括科普场馆和公共场所科普宣传设施两部分。科普场馆包括科技馆（以科技馆、科学中心、科学宫等命名的，以展示教育为主，传播、普及科学的科普场馆）、科学技术类博物馆（包括专业科技类博物馆、天文馆、水族馆、标本馆及设有自然科学部的综合博物馆等）和青少年科技馆站3类场馆；公共场所科普宣传设施包括科普画廊、城市社区科普（技）专用活动室、农村科普（技）活动场地和科普宣传专用车4类设施。随着《科普法》的实施、科普经费投入的增长，全国各地科普设施逐年增长，科普场馆建设成效突出。2021年，全国共有3类科普场馆2253个，比2020年增加161个，每百万人拥有1.59个科普场馆。2021年，全国共有科技馆和科学技术类博物馆1677个，比2020年增加152个，科技馆和科学技术类博物馆数量增加明显；建筑面积增加10.49%，展厅面积增长13.03%。3个指标数据均连续5年保持增长。其中，科技馆661个，比2020年增加88个；科技馆建筑面积合计505.94万平方米，比2020年增长10.53%；展厅面积合计261.82万平方米，比2020年增长12.83%；参观人次共计5789.99万人次，比2020年增长47.16%。共有科学技术类博物馆1016个，比2020年增加64个。科学技术类博物馆建筑面积合计774.79万平方米，比2020年增长10.46%；展厅面积合计359.45万平方米，比2020年增长13.18%；参观人次共计1.06亿人次，比2020年增长39.94%。2021年科技馆和科学技术类博物馆对症下药，调整管理与接待方式，使其更加灵活、有序且规范，因此参观人数明显回升，全年参观人次达1.63亿人次，比2020年增加42.42%。共有青少年科技馆站576个，比2020年增加9个。青少年科技馆站建筑面积合计178.82万平方米，展厅面积合计 56.40 万平方米，参观人次共计 818.84 万人次。

2021 年，全国各省平均拥有 32.77 个科学技术类博物馆，达到和超过这一水平的共有 15 个省，比 2020 年增加 2 个。科学技术类博物馆数量在 45 个以上的有北京（68 个）、上海（109 个）、浙江（53 个）、广东（48 个）、四川（49 个）和云南（53 个），大多位于东部地区（见图 2－1）。

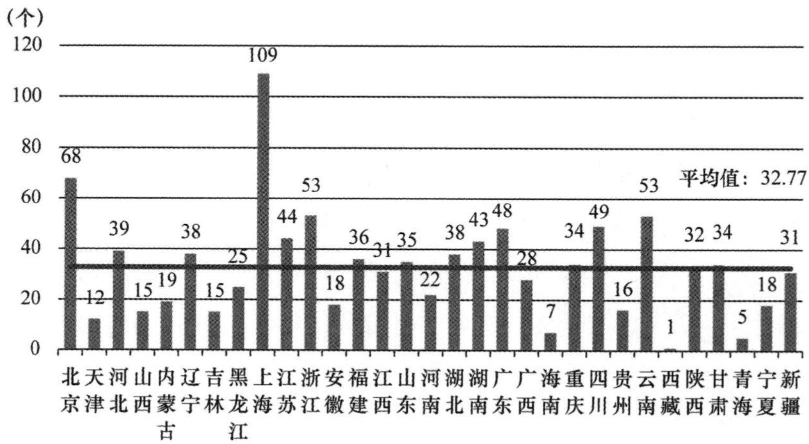

图 2－1　2021 年各省科学技术类博物馆数量

2021 年，全国各省级行政区平均拥有 21.32 个科技馆，共有 15 个省的科技馆数量超过平均数。科技馆数量在 25 个及以上的有内蒙古（33）、上海（26 个）、江苏（25 个）、浙江（32 个）、安徽（28）、福建（30 个）、山东（42 个）、河南（29 个）、湖北（49 个）、广东（40 个）、四川（28 个）和新疆（27 个）12 个省级行政区，与 2020 年相比新增了安徽、河南和新疆 3 个省级行政区，且这 3 个省级行政区的科技馆数量增加最多，分别增加 8 个、5 个和 5 个（见图 2－2）。

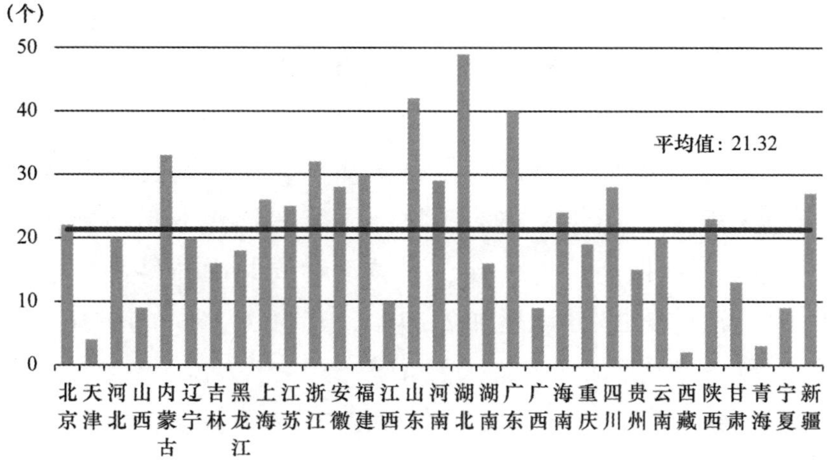

图 2－2　2021 年全国各省科技馆分布情况①

各类公共场所科普宣传设施建设呈现出新的发展态势。其中城市社区科普（技）活动场所 4.78 万个，比 2020 年减少 4.06%；农村科普（技）活动场所 19.45 万个，比 2020 年减少 1.25%；流动科普宣传设施中科普宣传专用车 1160 辆，比 2020 年增加 13 辆；流动科技馆站 1476 个；科普宣传专栏 22.05 万个，由于指标内涵扩大，数量比 2020 年增加 61.72%。总体上，各地较为重视科技馆和科学技术类博物馆的建设，但是公共场所的科普宣传设施建设仍有待加强。

（三）科普活动形式多样，内容丰富

我国科普活动形式已较为丰富，较为典型的有“科普四进”活动、科普作品评选、全国科普日、全国科技活动周等活动。近年来，全国各地通过科技活动周、科普（技）讲座、科普（技）展览、科普（技）竞赛等多种形式，充分发挥科普

---

① 数据来源：科技部：《中国科普统计：2022 年版》，科学技术文献出版社 2023 年版。

阵地作用，充分利用线上科普活动覆盖面广的优势，积极引导社会大众相信科学、依靠科学、运用科学，不断提高科学文化素质。

科技活动周是向公众宣传科学知识、提升国民科学素质的一项重要活动，历年来在活动举办内容和形式上不断创新，公众参与度不断提高。2021 年，科技活动周共举办科普专题活动 11. 16 万次，比 2020 年增加 2. 34%，其中线下举办 10. 10 万次，线上举办 1. 05 万次；参加人数增至 5. 93 亿人次，比 2020 年增长 21. 26%，其中线下参加人数为 4297. 79 万人次，线上参加人数为 5. 50 亿人次。

全国举办科普（技）讲座次数为 103. 82 万次，比 2020 年增加 22. 63%，听众人数达 33. 80 亿人次，比 2020 年增加 108. 24%；举办科普（技）展览 10. 07 万次，比 2020 年减少 8. 55%，观众参与人数为 2. 05 亿人次，比 2020 年减少 35. 91%；各类机构共举办科普（技）竞赛 3. 68 万次，比 2020 年增加 30. 57%，参赛人数为 7. 26 亿人次，比 2020 年增加 294. 22%。

由于疫情影响，国际出行有所减少，对科普活动国际交流有较大影响。2016 年以来，我国邀请“一带一路”沿线国家参加全国科技周活动，“一带一路”科普驿站、“一带一路”国际科普乐园、“一带一路”科普交流周等相继推出。2021 年科普国际交流 817 次，比 2020 年减少 7. 58%；但通过发挥线上优势，参加人数达 2007. 29 万人次，比 2020 年大幅增长 250. 08%。

各地举办科技夏（冬）令营活动 6849 次，比 2020 年减少 13. 47%，参加人数为 175. 68 万人次，比 2020 年减少 95. 83%；青少年科技兴趣小组成立数量为 14. 03 万个，比 2020 年减少 11. 23%，参加人数为 1088. 69 万人次，比 2020 年减少 2. 94%。

全国实用技术培训持续减少，共举办 38.78 万次，吸引了 3734.80 万人次参加，比 2020 年分别减少 8.18% 和 23.68%。

全国开展 1000 人次以上参加的重大科普活动 1.2 万次，比 2020 年减少 7.94%。[①]

① 数据来源：科技部：《中国科普统计：2022 年版》，科学技术文献出版社 2023 年版。

三　重点人群科普

科普是一项系统性工程，涉及面非常广泛。科普工作的推进实施绝不能仅仅囫囵吞枣大水漫灌，应当聚焦重点人群和关键环节，才能实现精准科普，提升效能。

（一）重点人群科普的特殊意义

评估选取的重点人群为青少年、老年人、农民、产业工人和城镇劳动者、领导干部和公务员五类。各类下设不同指标对科普政策的制定情况进行评估，以期能对重点人群科普政策现状做到更深层次的把握。

1. 关注“后备军”，提高竞争力

青少年是科技创新的“后备军”，提升青少年科学素质迫在眉睫，推进科技教育进校园、进课堂、进头脑，将学校教育与校外活动有机结合，培养科学精神、提高科技创新能力、参与科技活动，让青少年勇担实现中国梦重任的远大理想和扎实本领。

2. 守护“夕阳红”，老有所学老有所安

老龄化加速到来，相关社会问题亟待解决。加大对老年人的科普力度无疑是解决此类问题的一剂“预防针”。对老年人的

科普工作落实到位，不仅可以使老年人老有所学、丰富其生活，也能使针对老年人的诈骗无可乘之机，促进社会稳定。

3. 助力乡村振兴，“飞入寻常百姓家”

全面建成小康社会后，下一个目标就是实现共同富裕。“消除贫困、改善民生、逐步实现共同富裕，是社会主义的本质要求，是我们党的重要使命。”① 共同富裕离不开乡村振兴，更离不开对农民的政策倾斜。科普工作也应如此，提升农民科学素质是推进乡村振兴战略的内生动力，全国各地各部门应助力全面打赢脱贫攻坚战，将科普资源向贫困地区倾斜，多层次培养新型职业农民和农村实用人才。

4. 重视一线工人，培养科技创新“生力军”

一线工人的能力往往是生产力的保证，提高一线生产者的技术创新能力，将造就国家科技创新的一支生力军。与此同时，劳动者的科普工作将直接影响到企业的精神状态。只有劳动者以科学的精神武装头脑、掌握科学知识、积极参加科技创新活动，整个企业才会有“精气神”，企业创新才会有不竭的“源头活水”。

5. 注重“领头羊”，保证科学决策

加大对领导干部和公务员的科学普及力度，有利于其在决策过程中形成尊重科学、珍惜人才的惯例，避免因缺乏科学知识，而做出“好心办坏事”的决策。因为决策者的科学决策和管理事实上是科技创新的核心动力，加大对此类重点人群的科普，对于我国实现科技创新驱动发展战略不容小觑。

① 《“十三五”脱贫攻坚规划》，人民出版社 2016 年版，第 2 页。

（二）法律相关内容及要求

《科普法》第十三条规定："科普是全社会的共同任务。社会各界都应当组织参加各类科普活动。"由此可见，开展科普工作并不应该只是相关部门的"独角戏"，而应该是全社会的"大合唱"。《科普法》第十四条规定"各类学校及其他教育机构，应当把科普作为素质教育的重要内容，组织学生开展多种形式的科普活动。科技馆（站）、科技活动中心和其他科普教育基地，应当组织开展青少年校外科普教育活动。"第十八条规定了社会团体在科普工作中的社会责任，即"工会、共产主义青年团、妇女联合会等社会团体应当结合各自工作对象的特点组织开展科普活动"。因此，企业内的劳动者、青少年等都应该是重点科普对象。同时，《科普法》第十九条、第二十条规定了企业、农村基层组织的科普责任，即"企业应当结合技术创新和职工技能培训开展科普活动，有条件的可以设立向公众开放的科普场馆和设施"；"国家加强农村的科普工作。农村基层组织应当根据当地经济与社会发展的需要，围绕科学生产、文明生活，发挥乡镇科普组织、农村学校的作用，开展科普工作。各类农村经济组织、农业技术推广机构和农村专业技术协会，应当结合推广先进实用技术向农民普及科学技术知识"。

（三）评估对象指标及方法

评估对象包括31家省级政府（不包括港澳台地区）、37家省会城市的市政府（不包括台北市）政府网站政务公开、新闻资讯专栏，各省科学技术普及条例，各省、市全民科学素质行动计划纲要实施方案等规划性文件。评估发现，涉及重点人群的文件主要为各地全民科学素质行动计划纲要实施方案及各地科学技术普及条例。故评估组将这些文件细化为不同指标进行评估分析。

1. 各地全民科学素质行动计划纲要实施方案

本次调研共抽查58个省级政府和省会城市最新的全民科学素质行动计划纲要实施方案（以下简称《科学素质纲要》），除了5家政府①未检索到相关文件外，评估组对可检索到的55家政府②《科学素质纲要》中的相关内容整合汇总，进行类型化分析。

2. 各地科学技术普及条例

本次调研共抽查58个省级政府和省会城市最新的科学技术普及条例（以下简称《条例》），除了24家政府③未检索到相关文件之外，评估组对其余35家政府的《条例》进行了统计分析。

---

① 分别是长春市、海口市、呼和浩特市、拉萨市、乌鲁木齐市。

② 根据网络检索，重庆市、河北省、黑龙江省、哈尔滨市、浙江省、杭州市、福建省、山东省、广东省、广州市、湖北省、云南省、甘肃省、宁夏回族自治区、银川市、山西省、安徽省、合肥市、江西省、南昌市、海南省、贵州省、青海省、西宁市、河南省、郑州市、湖南省、长沙市、内蒙古自治区、西藏自治区、新疆维吾尔自治区可以查询到2021—2025年的纲要实施方案；广州市、甘肃省可以查询到2022—2025年的纲要实施方案；辽宁省、沈阳市、广西壮族自治区、江苏省、陕西省、西安市、南宁市可以检索到2021—2035年的纲要实施方案；北京市、天津市、上海市、石家庄市、福州市、济南市、武汉市、四川省、成都市、昆明市、兰州市、太原市、吉林省、南京市、贵阳市仅能查询到2020年之前的纲要实施方案。

③ 分别是石家庄市、哈尔滨市、福州市、济南市、武汉市、成都市、昆明市、兰州市、南宁市、银川市、太原市、吉林省、长春市、合肥市、南昌市、长沙市、海口市、西安市、西宁市、呼和浩特市、西藏自治区、拉萨市、新疆维吾尔自治区、乌鲁木齐市。

（四）重点人群科普评估情况

1. 青少年科普

为调查各地政府对青少年科普的重视程度、当地青少年科普资源的均衡程度、科普基地的开放优惠程度等，评估组从校内科普和社会科普两个方面入手，设置了22项指标，对各地青少年科普政策公开信息进行评估。

（1）校内科普

学校是青少年接受科普教育的最直接的场所，学校提供的科普教育资源是否充足直接影响着青少年的科学素质。评估组对有关学校科普教育要求的政策进行了评估。由于地区内部的科普教育资源存在不均衡的情况，同一省、市的不同学校在培养方案、课程设置、师资引进和基础设施方面也会存在较大的差异，因此评估组以当地政策中的硬性要求为标准，同时将检索到的重点学校的先进做法作为亮点。

本部分评估了各地政府在学校科普宏观规划、科普活动、科普师资、科普设施等方面是否出台政策性规定以保证青少年科普活动的有序开展，评估组设置了10项指标（见表3－1）。

表3－1　**校内科普的达标情况**

指标要求	达标省、市比例（%）
1. 各类学校制订科普工作计划并组织实施	18.97
2. 定期开展科学教育质量评价	41.38
3. 学校开设多种形式的科普活动	89.66
4. 创建科普示范学校	77.59
5. 在中小学校开设科学课程	89.66
6. 学校开展科技论文、科技发明、科学考察、科普讲座、科普夏令营、科普竞赛等课外活动	87.93

续表

指标要求	达标省、市比例（%）
7. 学校科普设施建设、拔尖创新人才培养基地建设等	60.34
8. 学校配备科普教师	58.62
9. 教师科学素质培养提升，加强科学教育教师、科技辅导员队伍建设	82.76
10. 教育行政管理部门应制订青少年科普工作计划并组织实施	17.24

数据显示，指标1“各类学校制订科普工作计划并组织实施”、指标10“教育行政管理部门应制订青少年科普工作计划并组织实施”、指标2“定期开展科学教育质量评价”这3项指标达标率最低。由此反映出，当前推进学校及教育部门建立长期稳定的科普教育机制及相应的考核评估制度难度较高。为此，科普工作重点应当放在建立学校和教育行政部门的宏观科普教育体系上，只有在整体上以机制倒逼学校、家庭提高对科普教育的认识程度和重视程度，其他方面的科普工作才能够有效地开展。否则没有完整的运行体制，其他活动的开展都无法具有长期稳定的基础。

在检索“创建科普示范学校”这一指标的过程中，虽然部分地方的政策中没有检索到相关内容，但是在政府官网新闻资讯中发现存在科普示范学校的相关信息。这从侧面表明，当地发展科普示范学校的积极性较高，故视为达标。各地科普示范学校多为防震减灾方面的，表明目前我国对于防震减灾科普信息的重视程度较高，在实践中也较为成功，今后应当加大力度发展多方面的科普示范学校。

关于学校科普活动的两个指标，由于各地区内部存在科普资源不均衡的现象，评估组只对政策信息进行了检索，未观测相关的新闻资讯。政策中对于科普活动的要求往往一带而过，在实践中难以贯彻落实。建议制订科普工作规划、计划，并定期组织考核评估，确保科普工作有序开展。

指标3“学校开设多种形式的科普活动”与指标5“在中小学校开设科学课程”完成度最高。由此可见，我国现阶段学校对科学知识与科学普及的重要性已经十分重视，并落实在实践之中，尚未完成的地区应加快速度赶上校园科普的“时代潮流”。

（2）社会科普

青少年科普工作不应该仅仅局限于学校之中，校外科普也不可或缺。社会层面的科普教育包括多个方面，其中对青少年科普教育影响较大的因素包括科普场馆、科普活动、家庭科普教育、科普读物等，这些因素与青少年的生活关系密切，如果能在这些层面提供优质的科普教育资源，将会与学校科普教育相辅相成，共同打造完整的青少年科普环境。为全面评估各地政府在社会层面对青少年科普教育的发展力度，评估组设置了12项指标（见表3－2）。

表3－2 **社会科普的达标情况**

指标要求	达标省、市比例（%）
1. 出版单位应当出版较多青少年、儿童科普读物及音像制品	15.52
2. 推动中小学校与就近高等学校、科研场所、科技场馆建立相对稳定的联系，促进学校科技教育和校外科普活动有效衔接	89.66
3. 校外教育机构（青少年科技馆、少年宫等）开展青少年专题科普和日常校外科普活动	86.21
4. 建设改造科普设施、科普活动场所，促进社会科普资源紧密结合	82.76
5. 将科普设施建设纳入全市建设规划	70.69
6. 科技馆等科普场所对中小学生给予优先和优惠。[每年对中小学生实行优惠或免费开放的时间不少于20/30天（含法定节假日）/青少年团体科普活动优先安排，给予减免收费的优惠等措施]	65.12
7. 鼓励支持科学技术人员从事青少年科普工作	44.83

续表

指标要求	达标省、市比例（%）
8. 开展面向青少年群体大规模科普活动（科技周、巡回展等）	75.86
9. 对在青少年科学技术竞赛活动中取得优异成绩的青少年给予奖励	41.38
10. 开展学龄前儿童科学启蒙教育，开发幼儿科学启蒙教材和优秀科普作品，联合社区、家庭、幼儿园开展科普亲子活动	44.83
11. 建立家庭教育培训制度	53.45
12. 增加科普资金投入	67.24

指标1“出版单位应当出版较多青少年、儿童科普读物及音像制品”的达标度最低。实际上大部分地方在《条例》和《科学素质纲要》中都提到要发展科普文化产业，但是专门针对青少年科普读物出台鼓励政策的地区较少。显然，应当加大支持力度，鼓励出版适合不同年龄段青少年的文化产品，满足青少年的科普需求。

指标9“对在青少年科学技术竞赛活动中取得优异成绩的青少年给予奖励”的达标率不高。几乎各地都在全民科学素质行动纲要实施方案中提到要举办各类青少年科技类、科普类比赛，但是明确提出奖励政策的较少，应当对该类比赛加大奖励、宣传力度，激励青少年在科普中学习科学知识，提高学校、家庭的重视程度，推动青少年科普事业的发展。

指标7“鼓励支持科学技术人员从事青少年科普工作”的指标完成度有待提高，如此才能够进一步提高科普工作人员的专业素养。目前科普工作的人员构成包括科普专职人员和科普兼职人员，如果科学技术人员能够兼职为青少年提供科普，青少年将会接受更为优质的科普教育，这对于培养青少年科学兴趣、激发创造力有很大的积极作用。目前各地都鼓励高校、科研机构向社会开放，促进社会资源紧密结合，这只是初步工作，如果能够有更多地区进一步将科学技术与科普教育衔接，鼓励支持科学技术人员从事青少年科普工作，就会使科普资源得到更有效地利用。

指标 10 “开展学龄前儿童科学启蒙教育，开发幼儿科学启蒙教材和优秀科普作品，联合社区、家庭、幼儿园开展科普亲子活动”是青少年科普教育的基础，不但要从义务教育阶段开始做好科普工作，还要从小抓起，将科普工作渗透到幼儿教育中，才能形成完整的青少年科普闭环。但是该指标的达标率较低，并且多为鼓励性、宣传性政策。这表明，各地对于幼儿科普教育仍处于探索阶段，尚未形成完善的机制体制。

指标 11 “建立家庭教育培育制度”旨在营造科普的家庭氛围，使得学校、社会、家庭这三个领域都能够为青少年提供科普信息来源。一些地区专门提供了家庭教育的讲座以及针对家长的培训场所，比如上海市政府网站办事服务专栏可检索到家庭教育指导服务。但是整体情况来看该指标达标率不高，今后要逐步重视家庭教育在提高未成年人科学素质中的作用，发挥家庭教育的基础功能。

指标 12 “增加科普资金投入”是最基本，也是最紧迫的问题。由于各地政府未区分资金使用用途，因此该指标检索了各地对于总体科普的政策，部分地区在《科学素质纲要》中写明“逐步增加科普经费投入”以保障科普事业的发展。增加科普投入的来源可以是政府拨款，也可以是科普产业收入等社会资金。各地政府在科普事业上应当摒弃“等靠要”思想，仅仅依靠政府拨款是不够的，要将科普事业发展成“活水”，促进科普繁荣发展。

指标 8 评估组本次检索的对象是专门“开展面向青少年群体大规模科普活动（科技周、巡回展等)”，专门针对青少年开展的活动更能满足青少年年龄段的需求，资源更加向青少年集中倾斜，更能达到激发兴趣、科学教育的目的。各地开展的大型科普活动既要实现全方位覆盖，又要针对目标人群精准施策。

关于“科普场所”，评估组设置了5项相关指标，分别是指标2“推动中小学校与就近高等学校、科研场所、科技场馆建立相对稳定的联系，促进学校科技教育和校外科普活动有效维持”、指标3“校外教育机构（青少年科技馆、少年宫等）开展青少年专题科普和日常校外科普活动”、指标4“建设改造科普设施、科普活动场所，促进社会科普资源紧密结合”、指标5“将科普设施建设纳入全市建设规划”、指标6“科技馆等科普场所对中小学生给予优先和优惠［每年对中小学生实行优惠或免费开放的时间不少于20/30天（含法定节假日）/青少年团体科普活动优先安排，给予减免收费的优惠等措施］”，均旨在为青少年提供丰富的科普资源和科普平台。其中前三项指标涉及校外科普活动的开展和科普场所的改造，达标度较高；后两项涉及宏观规划和开放优惠政策，达标度较低。这是因为符合条件的科普场馆本身可以享受税收等优惠政策，因此政府应当推动当地建设优质的科普场馆，同时使科普场馆对青少年实施开放优惠政策，实现良性共赢。

2. 老年人科普

（1）政策制定情况

鉴于针对老年人科普的政策性文件主要集中在各地《科学素质纲要》及《条例》之中，所以评估组针对这两类法规文件进行了细致分析。

通过对各地《科学素质纲要》进行检索，评估组发现，大多数地区将“实施老年人科学素质提升行动”列入纲要之中，包括实施智慧助老行动、加强老年人健康科普服务、实施银龄科普行动等加大对老年人科普的投入力度，这有利于增强他们对反科学、伪科学知识的辨识能力。通过本次检索发现，“实施智慧助老行动”的有38家政府，占比64.41%；将“加强老年人健康科普服务”列入《科学素质纲要》的有39家政府，占比67.24%；

将“实施银龄科普行动”列入《科学素质纲要》的有33家政府，占比56.90%。其中，广州市颁布的《广州市全民科学素质行动规划纲要实施方案（2022—2025年)》、海南省《海南省全民科学素质行动规划纲要实施方案（2021—2025年)》将老年人纳入科学素质行动重点人群。与此同时，甘肃省《全民科学素质行动规划纲要实施方案（2022—2025年)》也将老年人纳入科学素质行动重点人群范围。调研发现，未将老年人纳入科学素质行动重点人群范围的文件均为地方2016—2020年的《科学素质纲要》或更早的。由此可见，各地政府对于老年人科普的重视程度逐渐加强，但并未实现全覆盖，仍有进步余地。

通过对各地《条例》的检索，评估组发现仅有7家对老年人进行了专门规定。天津市规定了重点“提升老年人、残疾人信息素养和健康素养，提高老年人、残疾人适应社会发展能力”。规定利用政府投资建设或者享受政策优惠的博物馆、科技馆、青年宫、少年宫（中心)、文化宫、妇女儿童活动中心等场馆对老年人应当免费或优惠开放的有黑龙江省、杭州市、广东省、四川省、南京市、新疆维吾尔自治区。2021年出台的《广东省科学技术普及条例》还规定：“居民委员会应当配合街道办事处，利用本地资源通过举办科普讲座、建立科普宣传栏或者科普活动室（站）等形式，结合社区居民需要，面向老年人、残疾人、未成年人等开展安全知识、急救技能、电子产品使用等科普宣传教育活动。”

（2）不足之处

根据地方政府发布的信息，评估组发现，广州市、海南省、甘肃省在2022—2025的《科学素质纲要》中首次将老年人纳入科学素质行动重点人群，但甘肃省并未检索到完整文件。这说明其在政策公开上还有很大的进步空间，政策不仅要制定，还要公开、落实才能发挥出更大作用。

仅有7家政府在本地地方性法规中将老年人列入科普重点

人群的范围内并规定了相应的优惠政策，大多数政府并未意识到老年人也是科普的重点关注对象，也并未采取如减免科普场馆门票等优惠政策。面向老年人所开展的科普宣传教育活动在政策制定上更是少之又少。第七次全国人口普查数据显示，中国老年人口总数达2.64亿人，占总人口的18.7%。如何有效保障如此多的人口获取科普内容，需要更细致的政策出台及更多资源的投入。

3. **农民科普**

农村农民科普一直受到党和国家的高度重视。《中共中央关于制定国民经济和社会发展第十四个五年规划和二〇三五年远景目标的建议》提出，要提高农民科技文化素质。1994年《中共中央、国务院关于加强科学技术普及工作的若干意见》提出，要继续面向亿万农民，特别是贫困地区、少数民族地区的农民，传播和普及先进适用技术，因地制宜、扎实有效地开展农村科普工作。

重点推动农村农民科普工作意义重大。首先，有助于改善农村精神面貌。在中国幅员辽阔的土地上，农村属于科普工作中相对薄弱的一环。同时农民也是最需要科普的关键群体之一。开展科普活动、工程以及推广农业新技术、卫生知识，有利于改善农村的精神面貌，提高国民的整体科学素养，宣扬科学精神，遏制陈规陋习。其次，针对农民进行科普能够有效支撑脱贫攻坚。农业是基础产业，在促进社会发展，提升国民经济上发挥重要作用，而农民是农业生产的主力军，因此，农业发展状况很大程度上取决于农民的认知以及科学水平。党的十八大以来，国家继续开展扶贫帮扶工作，针对贫困地区在科技和人力资源方面存在短板的问题，扎实推进科技扶贫，增强了贫困地区的内生动力和自我成长能力。最后，农村科普工作是提高乡村文明程度的有效途径，是振兴乡村的基石。通过开展科普工作，大力宣传创新、协调、绿色、开放的发展理念，不仅有助于改善农业生产环境，而且可以为农业健康、科学、可持续发展提供切实保障。通过科普工作给予广大农民生产生活上的指导，确保农业生产的科学性，有效改善农村生活水平，提升乡村文明程度。

（1）乡村人口基数不容小觑

从2021年年末全国人口数及其构成来看，乡村依然存在庞大的人口基数，占全国总人口的比重为35.3%（详见表3－3）。相比于城市科普，乡村科普可谓困难重重，已经成为科普工作的薄弱点。一方面，除了部分经济较为发达的乡村，大部分乡村主要居住者多为老年人和留守儿童，老年人信息闭塞、知识结构老化，不容易接受新鲜事物，留守儿童尚没有完成义务教育，很多科普内容无法吸收。另一方面，政府、媒体、社会对乡村科普工作的关注度不高，都很少真正将乡村作为核心焦点。

表3－3　　2021年年末人口数及其构成①

指标	年末数（万人）	比重（%）
全国人口	141260	100.0
其中：城镇	91425	64.7
乡村	49835	35.3
其中：男性	72311	51.2
女性	68949	48.8
其中：0—15岁（含不满16周岁）	26302	18.6
16—59岁（含不满60周岁）	88222	62.5
60周岁及以上	26736	18.9
其中：65周岁及以上	20056	14.2

① 《中华人民共和国2021年国民经济和社会发展统计公报》，国家统计局，2022年2月28日。

（2）传统媒体占比依然很高

在信息化时代，大部分人获得信息的方式从电视、报纸变成了互联网。据中国互联网络信息中心（CNNIC）发布的第49次《中国互联网发展状况统计报告》，截至2021年12月，中国网民规模达到10.32亿人，较2020年12月增长4296万人，互联网普及率达73.0%。互联网信息速度快、内容丰富，辅之以大数据，很容易区分关键受众群体，是当下效率最高的传播媒介。但在广大乡村地区，传统信息传递方式依然占据主流地位。截至2021年12月，我国农村网民规模已达2.84亿人，农村地区互联网普及率为57.6%。电视、广播、口耳相传等渠道，仍然是获取资讯的重要方式。

（3）乡村文化程度普遍不高

广大乡村地区的文化水平相对更低。在城镇中每天接触新鲜事物会帮助人们了解新知识、新本领、新科技，而在乡村之中，文化程度以及地域限制了学习能力和学习方式，在科普形式上也有所区别，一些普遍容易被城市居民接受的科普形式在乡村反倒难以开展。越是革命老区、民族地区、边疆地区、贫困地区，科普工作推进越是困难；越是文化程度低的地区，封建迷信思想越是泛滥。第十一次中国公民科学素质抽样调查结果显示，农村居民具备科学素质的比例为6.45%①，远低于全国公民11.55%的平均科学素养水平，城乡居民科学素养水平差距仍较为显著，在一定程度上阻碍了农村科普活动的参与率。

（4）乡村科普情况复杂多样

《全民科学素质行动规划纲要（2021—2035年）》提出："提升革命老区、民族地区、边疆地区、脱贫地区农民科技文化素质。引导社会科普资源向欠发达地区农村倾斜。开展兴边富民行动、

---

① 《第十一次中国公民科学素质抽样调查主要结果发布》，中国科普研究所，2021年1月26日。

边境边民科普活动和科普边疆行活动，大力开展科技援疆援藏，提高边远地区农民科技文化素质。提升农村低收入人口职业技能，增强内生发展能力。”中国各地农村环境状况、经济发展水平、人员结构复杂多样，有的村，如华西村、西塘村等，经济条件好，村民生活富裕，科普工作可调动的资源异常丰富；而有的村，村民生活拮据，科普工作很难正常开展。故在中国很难制订统一的科普方案，尤其是涉及部分民族地区、边疆地区、革命老区、脱贫地区等欠发达地区，更需要一区一策，制订富有地方特色的科普方案，方能最大限度实现科普效果。

科普教育不能“偏科”，“农业兴则国家兴”，农村、农业教育科普也应尤为关注。为评估当地政府在农民科学思想建设、农民科普培训计划、科普公共服务及《条例》《科学素质纲要》中涵盖老年人等方面是否做出规定以保证老年人科普活动的有序开展，评估组设置了10项指标（见表3－4）。

表3－4　**农民科普的达标情况**

指标要求	达标省、市比例（%）
1. 是否规定树立相信科学、和谐理性的思想观念	79.31
2. 是否规定实施高素质农民培育计划	87.93
3. 是否规定实施乡村振兴科技支撑行动	60.34
4. 是否规定实施农村妇女素质提升计划	72.41
5. 是否规定开展形式多样的农民科技培训	70.69
6. 是否规定加强农村科普公共服务能力建设	63.79
7. 是否规定提升边远地区农民科技文化素质、引导社会科普资源向欠发达地区农村倾斜，促进革命老区、民族地区、脱贫地区农民科学素质提升	53.49
8. 是否实行科普惠农兴村计划	87.93
9. 各地科学技术普及条例中是否对农民规定了科普政策	56.90
10. 是否在《国民经济和社会发展第十四个五年规划和二〇三五年远景目标纲要》规划了农村、农业科普	15.52

（5）政策制定情况

①科普惠农兴农计划

检索发现，指标 8 完成情况较好，达标比例为 87.93%。评估组关于是否实行科普惠农兴村计划，在各政府网站中进行检索，检索关键词为“科普惠农兴村”。鉴于该计划项目名称明确，所以一些较为模糊的表述未予认可。天津、上海、石家庄、辽宁、黑龙江、杭州、福州、广东、广州、湖北、武汉、四川、云南、昆明、甘肃、广西、银川、太原、吉林、江苏、安徽、海南、贵阳、陕西、青海、西宁、内蒙古、西藏的政府门户网站中可以检索到包含“科普惠农兴村”内容的政策文件。北京、河北、沈阳、哈尔滨、浙江、福建、济南、南宁、山西、长春、南京、合肥、江西、河南、郑州、湖南、长沙、海口、贵州、呼和浩特、拉萨、新疆、乌鲁木齐的政府门户网站中有与“科普惠农兴村”相关的新闻或涉及“科普惠农兴村”项目的财政预算表，也可看出其出台科普惠农兴农计划，但信息公开不到位，文件上网公开仍有进步空间。而重庆、山东、成都、兰州、宁夏、南昌、西安七地的政府门户网站中未检索到“科普惠农兴村”的相关内容。

②《全民科学素质行动计划纲要实施方案》

农民科普的指标 1—7 设置依据的是《科学素质纲要》。评估组经检索发现 58 家政府的《科学素质纲要》中均将“农民”纳入科学素质行动重点人群。由此可见，各地已将农民科普置于重要位置。

经过检索，指标 2“是否规定实施高素质农民培育计划”完成情况与科普惠农兴村计划相似，有 51 家政府对此做出了规定，占比 87.93%。可看出各地重视高素质农民的培育并付诸行动，开展各种农民科技培训项目，使得农民能够运用科技手段进行农耕，推进新农业建设。指标 1“是否规定树立相信科学、和谐理性的思想观念”的达标比例为 79.31%，意味着有 46 家政府规定了应当从思想观念层面加大对农民的科普力度，此项规定可以有效防止大多数农民因未接受高等教育、对一些科学常识不了解而产生不良后果。农村妇女总体属于弱势群体，她们中很大一部分未接受过高等教育，大多数地区将提升农村妇女素质列入实施方案。评估组发现，在可检索到的政府文件中仍有 7 家政府并未对此进行规定。同时，提升边远地区农民科技文化素质也非常重要，仍有 17 家政府未进行规定。各地要统筹缩小区域间科普资源差距，引导社会科普资源向欠发达地区农村倾斜，提高革命老区、民族地区、脱贫地区农民科学素质。最后，只有加强农村科普公共服务能力建设才能让农村科普之路走得更远、更久，如各地应加强科普宣传、实施科普惠农兴村计划、建设全国科普示范区创建活动等，以期科普工作在农村发挥更多力量。

③各地科学技术普及条例

各地《条例》大部分就农民科普有所规范，情况总体较好。除了山东省、内蒙古自治区，其他 33 个地区均规定了对农民的科普政策。其中，明确规定农民为科普重点人群的有 9 个地区，分别是黑龙江省、宁夏回族自治区、江苏省、安徽省、江西省、郑州市、贵州省、陕西省、新疆维吾尔自治区。明确规定向农村开展科普工作的有 18 个地区[①]，占比 51.43%，这意味着超过了一半的地区在地方性法规中做出了明文规定，为实际开展农村科普工作提供了政策支撑。

④《国民经济和社会发展第十四个五年规划和二〇三五年远景目标纲要》

通过对 58 个省级政府和省会地区的《国民经济和社会发展

① 分别是：北京市、天津市、上海市、沈阳市、黑龙江省、浙江省、广东省、湖北省、四川省、宁夏回族自治区、江苏省、安徽省、江西省、湖南省、海口市、贵州省、青海省、新疆维吾尔自治区。

第十四个五年规划和二〇三五年远景目标纲要》（以下简称《纲要》）进行检索发现，在各地《纲要》中仅有9家政府①规划了农村、农业科普，强调发展农业科普、对农民进行科普培训、大力培养农业科技、科普人才，值得其他地区借鉴、效仿。

（6）不足之处

在网上可以检索到2008年“科普惠农兴村计划”的评选名单，并且2010年数据显示，“科普惠农兴村计划”自2006年实施以来，中央财政投入奖补资金累计达到7.5亿元人民币，已有4659个科普惠农兴村先进集体和农村科普带头人先后受到表彰，其中包括35个少数民族科普工作队。以上数据较陈旧，最新的名单、数据并未上网公开。

4. 产业工人和城镇劳动者

（1）政策制定情况

评估组将各地《科学素质纲要》所涉产业工人或城镇劳动者的内容设为6项指标，并进行检索（见表3-5）。

表3-5　**产业工人科普达标情况**

指标要求	达标省、市比例（%）
1. 是否规定开展理想信念和职业精神宣传教育	65.52
2. 是否规定鼓励企业家投身科普事业	46.55
3. 是否规定实施职业技能提升行动或开展多种形式的职工技能培训项目	89.66
4. 是否规定开展多种形式的创新创业活动	77.59
5. 是否规定将相关的科技、科普教育纳入务工人员的职业培训体系	58.62
6. 各地科学技术普及条例中是否对产业工人或城镇劳动者规定了科普政策	55.17

① 分别是：天津市、昆明市、南宁市、山西省、南昌市、长沙市、陕西省、西安市、乌鲁木齐市。

据以上数据，指标3完成度最好，除了未检索到文件的政府，仅有安徽省一家政府未作规定。由此可见，绝大多数政府已经意识到职工技能培训的重要性，只有对职工进行技能培训才能使其具有更强的“谋生本领”，职工才能更加专业，相关知识才能普及到位。其次，完成程度较好的是指标4，这说明各地政府已经意识到“实践是检验真理的唯一标准”，开展多种形式的创新创业活动，让工人在实际的活动中感受到科学、创新的魅力，这有利于培养工人的创新能力，进而应用在以后的实际工作之中，为企业、社会创造更多的财富。

评估组通过对各地科学技术普及条例进行检索，发现共有31家政府①在《条例》中明文规定了应当为企业内的职工或城镇劳动者开展科普活动，其他政府应当紧跟其后，加大对劳动者的科普力度，从就职前开展系统的职工科普培训到定时开展创业创新活动，再到开展各种培训讲座和团建活动，以在各个领域提升职工科学素养、学习能力、职业技能和技术创新能力，增强失业人员的就业能力、创业能力和适应职业变化的能力，从而进一步达到增加国民素质、稳定社会的目的。

（2）不足之处

职工就职前培训十分重要，只有完善职业培训体系，在培训中注入科普元素才能使职工在就业之初就树立科学观念、掌握科学知识、学习科技本领，从而更好地运用于工作之中。但仍有41.38%的地方未将相关的科技、科普教育纳入务工人员的职业培训体系之中，有待完善。同样，政策中规定鼓励企业家参与科普率不足一半，政策数量不足以发挥企业家的带头作用，

---

① 分别是：北京市、天津市、重庆市、上海市、河北省、辽宁省、沈阳市、黑龙江省、杭州市、福建省、广东省、广州市、湖北省、四川省、云南省、甘肃省、广西壮族自治区、宁夏回族自治区、江苏省、南京市、安徽省、江西省、河南省、郑州市、湖南省、海口市、贵州省、贵阳市、陕西省、青海省、内蒙古自治区。

其他地区应借鉴已有规定，制定相应政策从而充分调动起企业家的科普参与积极性。

5. 领导干部和公务员

（1）政策制定情况

检索发现，对领导干部和公务员的政策规定主要集中在各地《科学素质纲要》与各地《条例》之中，故对此两类文件进行检索，共设置了4项指标（见表3－6）。

表3－6 **领导干部和公务员科普情况**

指标要求	达标省、市比例（%）
1. 是否规定强化领导干部和公务员的创新发展意识，突出科学思想、科学精神的培养	89.66
2. 是否规定加强领导干部和公务员的科学素质教育培训	91.34
3. 是否规定在公务员录用或考核中落实科学素质要求	82.76
4. 各地科学技术普及条例中是否对领导干部和公务员规定了科普政策	41.38

项目组发现，指标2完成情况最好，为91.34%，即能检索到政策的53家政府全都在当地《科学素质纲要》中规定了要采取网上课堂、名师讲座等方式加强对各地领导干部和公务员的科学素质教育培训，落实领导干部要起到带头作用的口号。同时，只有领导干部和公务员的科学素质提高了、科学普及到位了才能有助于推行农民科普、工人科普、社区科普等其他科普工作，才能更快实现国民素质提升的目标。其次，指标1有52家政府在其《科学素质纲要》中进行了规定，占比89.66%，仅安徽省政府对此未进行规定。指标3完成情况为82.76%，有4家政府未对此进行规定，分别是杭州市、昆明市、宁夏回族自治区和海南省人民政府。在公务员的录用考试及遴选、其他考核中应将科学素质内容列入其中，“以考带学”的学习方式虽具

功利性，但不失为一种很好的科普方式。

检索发现，共有24家政府①将对领导干部或公务员的科普明文规定在本地的《条例》之中，内容多为将科普教育纳入公务员教育培训计划、开设现代科技知识课程、举办科普讲座等方式，以提高公务员科学素质和公共服务能力。

（2）不足之处

评估组通过对文件进行检索发现，涉及公务员和领导干部科普的文件较少。即使在对其做出规定的文件中，具体条文、内容也比其他重点科普对象少。规定不够具体很有可能带来的是执行不够准确，甚至可能出现不执行的情况，使相关条文成为“僵尸条文”而被束之高阁。

① 分别是：北京市、天津市、重庆市、河北省、黑龙江省、杭州市、福建省、广东省、湖北省、四川省、甘肃省、宁夏回族自治区、江苏省、南京市、安徽省、江西省、郑州市、湖南省、海口市、贵州省、贵阳市、陕西省、青海省、新疆维吾尔自治区。

四　科普宣教活动

弘扬科学知识、普及科学教育是国家的一项基础性、全民性工作，是提高国民科学素质的重要措施。科普的宣传和教育是对现有科学技术知识进行普及和传递的过程，有利于推动科学技术的普及应用，提升科普工作的质量和有效性。

（一）科普法的相关要求及其落实

《科普法》第二、第三、第四、第五章为法律的主体部分，即从组织管理、社会责任、保障措施、法律责任四个角度规定了我国社会各个主体以何种形式承担科学技术的普及任务，也即我国现行的科普宣传教育机制。健全科学普及的宣传和教育机制有利于帮助国民树立科学理念，同时督促法律规定负有科普职责的社会主体全面正确地履行相关职能，实现我国科普教育立法的目的。

本次共有58个调研对象，其中包含31个省级行政区及27个省会城市，评估组将以上地方科学技术普及条例或具体办法与相关法律规定对比，除去21个省份或省会城市（吉林省、海南省、哈尔滨市、福州市、济南市、武汉市、成都市、昆明市、兰州市、南宁市、银川市、太原市、长春市、合肥市、南昌市、长沙市、西安市、西宁市、呼和浩特市、拉萨市、乌鲁木齐市）无科学普及条例外，其他37个省市级地方性法规都较为完整地传递了《科普法》规定的要求，少数地方性法规在全国性文件的基础上有创新和突破，值得肯定，但也有部分地区并未完整传达《科普法》相关要求。从宣传和教育两个方面的文本及落实情况展开，评估结果如下。

1. 科普教育相关条文及落实

（1）科普教育相关法律规定

《科普法》涉及科普教育的条文主要为第十四条和第十五条，对学校等教育主体、相关科普教育基地以及科研院所、科学类社会团体提出了要求：将科普作为素质教育的重要组成部分，要求学校和教育机构组织学生进行各种科普活动，科技馆等科普教育基地积极开展各种校外科普活动；科研院所应当开放实验室，支持工作者开展科普活动，科学技术工作者应积极参与相关科普活动。

（2）各省市落实科普教育相关法律规定的状况

①学校等教育主体及教育基地

调研对象中，除21个省市未出台科普条例，其他37个省市的科普条例都在社会责任一章中规定了学校以及其他教育机构、科技活动中心等科普教育基地组织青少年开展校外科普教育活动的职责。如《北京市科学技术普及条例》第二十三条规定："天文馆、自然科学类博物馆、科技馆、青少年科技馆（活动中心）等专业科普场所，应当充分发挥科普教育功能，面向公众开展科普活动，对中小学生给予优先和优惠。"《上海市科学技术普及条例》第十二条规定："本市发挥'科技教育特色示范学校'辐射、示范和引领作用，促进青少年科技教育和科普发展，服务青少年科技创新人才培养。学前教育机构应当把科学启蒙教育纳入学前教育内容，根据幼儿生理和心理特点，开展科学启蒙教育，启迪幼儿科学意识。"

综合58个省市的相关科普立法，各省市所规定的科普教育措施包括开设科普课程、举办科普公益讲座、开展科技发明活动、为学校安排科普讲师等内容。其中具有创新性的包括：4 个南方省市规定了职业学校或培训机构开展以增强就业能力为导向的科普活动（包括安徽省、南京市、杭州市、广州市）；辽宁省和广州市将科学启蒙教育纳入幼儿教育。

落实中存在的问题如下：第一，未制定科学技术普及相关法规的 21 个地区中，其政府网站也难以查询到与科普法相关的内容，基本规定未落实到位，具体落实情况更有待观察。第二，山东省、广州市虽有条例，却无《科普法》第十四条关于教育机构的科普职责等内容，其中山东省科普条例数量较少且内容较为简略。

②科研院所及科学类社会团体

除了 21 个省市无科普条例，其他 37 个省市的科普条例都规定了科研院所应积极组织和支持科学技术工作者开展科普活动，有条件的可以对外开放实验室等科普职责。如《辽宁省科学技术普及办法》第十三条规定："科普设施管理单位应当定期举办面向公众的科普展览、科普讲座等活动，对青少年团体科普活动应当优先安排，并给予减免收费的优惠。"《浙江省科学技术普及办法》第十三条规定："县级以上人民政府应当将科普场馆、设施建设纳入城乡建设规划和基本建设计划；规范完善科普场馆、设施的管理，提高使用效率。县级以上人民政府所在地应当建立科普场馆；乡镇、街道（社区）应当设置科普宣传画廊、橱窗、科普活动室等设施。公共宣传栏和城镇户外广告，应当有科普内容。有条件的科研基地、重点实验室应当向社会开放，举办科普展览、讲座，提供科技咨询和培训；有条件的企事业单位、旅游景点应当面向社会开展科普教育活动。"

22 个省市规定了科研院所、科研团体应当定期免费向青少年开放实验室（包括河北省、山西省、内蒙古自治区、辽宁省、黑龙江省、江苏省、浙江省、安徽省、福建省、江西省、河南省、湖北省、湖南省、重庆市、四川省、贵州省、云南省、西藏自治区、青海省、宁夏回族自治区、南京市、杭州市)。

2. 各省市落实科普宣传相关法律规定情况

(1) 科普宣传相关法律规定

《科普法》对科普工作的宣传主体相关规定主要为第十六条。该条对新闻出版、广播影视等传媒机构和文化团体做出了要求，规定报纸期刊应有科普专栏、广播电视节目应有科普栏目等，规定博物馆、图书馆、科技馆应进行其职能范围内的科普宣传工作。

(2) 科普宣传法律规定

评估组通过抽查58个省市《科普法》条例规定发现，有33个省市在新闻媒体参与科普宣传工作方面均对相应职责做出规定。这33个省市分别是北京市、天津市、重庆市、上海市、河北省、石家庄市、辽宁省、沈阳市、黑龙江省、浙江省、杭州市、福建省、广东省、广州市、湖北省、四川省、云南省、甘肃省、广西壮族自治区、宁夏回族自治区、山西省、南京市、安徽省、江西省、河南省、郑州市、湖南省、海口市、贵州省、贵阳市、陕西省、青海省、内蒙古自治区。如《上海市科学技术普及条例》第十条规定："新闻出版、广播影视、文化等机构和团体应当发挥各自优势做好科普宣传工作。综合类报纸、期刊应当开设科普专栏、专版；广播电台、电视台应当开设科普栏目或者转播科普节目；新闻出版单位应当加强科普类作品的出版、发行；影视生产、发行和放映机构应当加强科普影视作品的制作、发行和放映。新闻媒体应当定期发布一定数量和时段的科普公益广告，并及时报道重大科技成果、重要科技创新项目、杰出科技人物、重大科普活动和社会关注的科学热点等内容。"《浙江省科学技术普及办法》第十五条规定："政府投资设立的科普场馆，应当根据其功能、特点向公众开放，每天开放时间不少于八小时，国家法定节假日和学校寒暑假期间，应当适当延长开放时间。科普场馆应当充分发挥科普教育功能，对面向青少年的科普活动应当优先安排，并给予减免收费的优惠。政府投资设立的科普场馆在科技活动周、科普节、国家法定节假日应当向公众免费开放。”

在抽查的58个省级政府和省会城市中，有24个省市对《科普法》相关条文落实并不到位，分别是石家庄市、吉林省、海南省、哈尔滨市、福州市、山东省、济南市、武汉市、成都市、昆明市、兰州市、南宁市、银川市、太原市、长春市、合肥市、南昌市、长沙市、西安市、西宁市、呼和浩特市、拉萨市、新疆维吾尔自治区、乌鲁木齐市。以上省级或市级无科普地方性法规，或地方性法规尚未对《科普法》第十六条规定的科普宣传主体相关内容进行规定，而且对新闻媒体、博物馆、图书馆等机构的科普职责规定基本空白。

（二）科普活动丰富，社会影响广泛

科普活动是科普工作的重要内容。《科普法》第十三条规定：“科普是全社会的共同任务。社会各界都应当组织参加各类科普活动。”科普活动的高效开展有利于打通对科普受众的传播渠道，真正能使公众接触、参与到科普事业之中，提高公众科学素养。科普活动总体上具有直接性、规模性的特点。进一步开展优质科普活动，打造特色科普品牌是科普工作的关键路径。

根据科技部发布的2020年度、2021年度全国科普统计数据，2020年全国线下与线上各类科普活动共有27.36亿人次参加，比2019年增长138.21%。其中，组织科普（技）讲座84.66万次，吸引16.23亿人次参加，比2019年增长484.68%。2021年全国各类机构组织线上线下科普（技）讲座103.82万次，吸引 33.80 亿人次参加，与 2020 年相比增长 108.24%。① 卫生健康、广电等部门单位通过互联网、电视等渠道，开展了内容丰富的线上科普（技）讲座，受众范围明显扩大。但因疫情原因，线下到场人员有所减少。2020 年，全国范围举办科普（技）专题展览 11.01 万次，共有 3.20 亿人次参观，比 2019 年减少 11.15%；举办科普（技）竞赛 2.82 万次，参加人数达 1.84 亿人次，比 2019 年减少 19.83%。2021 年，全国范围举办线上线下科普（技）专题展览 10.07 万次，共有 2.05 亿人次参观，比 2020 年减少 35.91%；举办线上线下科普（技）竞赛 3.68 万次，参加人数达 7.26 亿人次，比 2020 年增加 294.22%。全国科研机构和大学向社会开放情况同样呈现下降态势。全年开放单位数量 8328 个，比 2019 减少 28.19%。而部分单位采用了线上方式，接待人数反而增加，共计达到 1155.52 万人次，比 2019 年增长 21.89%。2020 年全国共举办重大科普活动 1.30 万次，比 2019 年减少 44.55%。举办线上线下科普国际交流活动 884 次，共有 573.38 万人次参加，比 2019 年增长 419.37%。线上科普讲座与线下科普活动有机结合，不仅使科普活动的受众人群扩大，也使科普宣传效果得到了提升。2021 年全国各类机构组织线上线下科普（技）讲座 103.82 万次，吸引 33.80 亿人次参加，与 2020 年相比增长 108.24%；举办线上线下科普（技）专题展览 10.07 万次，共有 2.05 亿人次参观，比 2020 年减少 35.91%；举办线上线下科普（技）竞赛 3.68 万次，参加人数达 7.26 亿人次，比 2020 年增加 294.22%。科技活动周是全国公众参与度最高、覆盖面最广、社会影响力最大的群众性科技活动。2021 年全国科技活动周以“百年回望：中国共产党

① 数据来源：《2021 年度全国科普统计数据出炉　增长 10.10%！全国科普工作经费达 189.07 亿元》，《科普时报》2023 年 1 月 6 日第 1 版。

领导科技发展”为主题，通过“科技自力更生”“科技自立自强”“北京创新成果”三大板块，重点展示了党的十八大以来中国共产党领导科技创新取得的重大进展和突出成就。2021 年活动周期间，全国共举办线下线上各类科普专题活动 11.16 万次，参加人数达 5.93 亿人次，比 2020 年增长 21.26%。①

1. “科普四进”活动

“科普四进”是指“科普进校园、科普进社区、科普进企业、科普进村户”活动。目前，我国的“科普四进”活动已经趋向成熟，一般以街道、中小学为单位有针对性地开展小范围、精准化的宣传活动。

注重不同组织间的合作。大多数地区采取了部门间合作的方式，推进科普活动专业化。如西安科技局与红十字会合作，在街道内推进科普急救进社区的活动；武汉市科协、武汉市教育局、中科院武汉分院组织进行“院士专家进校园”活动，推动科普资源共建共享；山西省运城科协与市防震减灾中心联合举办了 2022 年全国防灾减灾日集中宣传周活动，广泛开展防灾减灾知识“进农村、进社区、进学校、进企业、进家庭”宣传，以发放宣传海报、急救箱物资等方式宣传防灾知识，提高公众防灾意识；贵州省玉屏县科协协同工商联在当地的铜仁西南水泥有限公司开展科普知识进企业暨健康义诊活动，开展科普知识宣传，并提供免费的初步筛查，普及健康知识，预防职业病的发生。另外，部分地区构建起与第三方合作形式的常态化科普制度，如北京市推进“我爱我家”与科协合作，成立志愿者服务队进行科普进社区项目，通过“联、访、教、用”普及科学知识，将门店打造成为科

---

① 数据来源：《2021 年度全国科普统计数据出炉　增长 10.10%！全国科普工作经费达 189.07 亿元》，《科普时报》2023 年 1 月 6 日第 1 版。

学普及、共建美好社区的阵地。

加强不同科普活动间的联动。一些地区将“科普四进”活动与科技活动周联系起来，开展科技普及惠民活动。如湖北恩施州在2022年5月的科技活动周中规划了“科普四进”活动，并根据农村、学校、社区的不同性质，设置了不同的科普主题内容。

总体上，“科普四进”活动在各地均有落实，已成为常态化科普活动；在形式和内容上趋于多样化，规模一般较小，受众较为精准，效果总体较好。

2. 科普作品出版

习近平总书记指出：“科技创新、科学普及是实现创新发展的两翼，要把科学普及放在与科技创新同等重要的位置。没有全民科学素质的普遍提高，就难以建立起宏大的高素质创新大军，难以实现科技成果快速转化。”① 科普作品是科普的主要载体，意在使用通俗的语言让群众在比较短的时间里，对某一特定领域理论模型的演变过程进行了解。科技部从2011年开始，每年在“国家科技活动周”期间，定期组织全国优秀科普作品推荐活动，为广大读者选择“科普好书”指明方向。

（1）优秀科普作品及出版社入选情况

2011—2020年，全国优秀科普作品的入选数量在前三年呈现出了增加的趋势，在入选作品数量有了明显增长后，之后的五年里就一直处于较为稳定的状态。

2011—2020年，共547部作品入选全国优秀科普作品，入选作品数较多的前11家出版社如下表所示（见表4－1）。综合分析可发现，全国优秀科普作品入选作品的出版单位分布具有以下特点。

---

① 习近平：《为建设世界科技强国而奋斗——在全国科技创新大会、两院院士大会、中国科协第九次全国代表大会上的讲话》，人民出版社2016年版，第18页。

表4－1　2011—2020年全国优秀科普作品入选作品出版单位排名情况①

排名	出版单位	项目数
1	中国科学技术出版社有限公司（科学普及出版社）	24
2	人民卫生出版社	18
3	科学出版社	18
4	人民邮电出版社	17
5	电子工业出版社	12
6	科学技术文献出版社	11
7	江苏凤凰科学技术出版社	11
8	地质出版社	10
9	中国农业出版社	10
10	湖南科学技术出版社	9
11	化学工业出版社	9

①第一梯队实力强劲，优势明显

由表4－1可知，除江苏凤凰科学技术出版社和湖南科学技术出版社，北京几乎包揽了所有位列前茅的出版社，这体现了经济水平发达、专家学者汇聚、科普工作切实推进对入选作品数量的影响。排名中，中国科学技术出版社有限公司以其先天独有优势占据榜首，且连续10年均有作品入选。2020年，人民卫生出版社的表现尤为抢眼，入选作品数量达7部之多，内容包括从青少年近视预防到口腔科就诊指南，从乳腺健康到健康生活手册，另有两部新冠疫情防控指导书，涵盖范围广泛的同时，亦不乏对时事热点问题的关注，切实通过科普知识帮助读者解决现实生活中的困惑与需求。综观第一梯队出版社，涉及理、工、农、医各大类，可见全国优秀科普作品评选涉及门类广泛，类目设置基本合理。

① 郭嘉欣：《我国科普图书出版综述——基于当当网在售科普图书数据》，《科技创业月刊》2020年第3期。

②地方科技社大有可为

据统计，约占入选作品总数的1/10、50余部作品来自30余家地方科技社。这既体现了各科技社充分发挥自身先天优势，也展现了各科技社多年来持续深耕专业领域的成果。其中，江苏凤凰科学技术出版社和湖南科学技术出版社表现优异，二者共入选作品20部，占据全部科技社入选作品的1/3。一方面，各地方科技社在学术出版方面常年致力于科技专著的出版，以理、工、农、医等板块中的优势板块为核心，立足专业化和特色化，关注科技前沿，也因此储备了一批优质的作者资源，具备打造优质科普图书的专业性优势。但从另一角度看，这一优势也很有可能成为其打造优质科普图书过程中的内在障碍，即相关领域专家开展科普工作时很容易陷入科普能力不足的尴尬境地。同时，以专业人士为核心成员的创作团队难免会出现专业性过强而普适性不足的现象。作者论文写作导向强烈，且以自身学术方向为起点，普通读者理解起来可能较为困难，不利于科普知识的广泛传播。对此，设置专门的文字润色团队或许可在一定程度上解决这一问题。

③童书出版社表现突出

童书在提高学生科学素质中的重要地位正在不断显现。入选的优秀作品中，“天天”“安徽少儿”“接力”“明天”等少儿出版社的获奖数量很多，这充分说明了儿童读物在提高学生科学素质中的重要地位。当代青年的阅读质量与水平，关系到国家与社会的未来，因此，对当代青年进行正确的引导，让其早早树立起优良的阅读习惯是非常必要的。科普童书目前已成为一大热门类目，深入挖掘青少年的科普需求，童书出版领域将收获一大增长发力点。

（2）科普图书出版存在的问题

科普出版是科普服务工作的重要组成部分，科普图书出版应服务国家科技创新发展，助力未来科技创新成果转化，做好科学家精神的传递接力。但国内科普出版仍存在一些不足，具体表现在以下方面。

①国内原创科普图书销量乏力，畅销榜以引进为主

按照阅读受众的不同，我们可以将科学类书籍划分为成人类书籍和儿童类书籍。目前，我国科学书籍的原创能力还不强，市场上的畅销书大多是进口的，国内科普作家的创作热情也有限。其中，成年人的科学读物数量不多，但是儿童的科学读物数量却很多。2020 年有统计显示，当当网在售的 4400 个科普图书品种中，有 1943 个从其他国家引进，占当当网全部在售科普图书的 44.16%；当当网自营店少儿科普图书畅销书前 20 名中，本土作品只有 4 本。[①] 这表明，目前引进类少儿科普图书仍占据市场主导地位，国内原创科普图书的内容质量和引进类图书仍存在较大差距。

②原创科普图书主题单一，缺乏趣味性

从目前的国内市场来看，与引进类图书主题丰富、内容夯实相比，原创科普图书主题陈旧单一，多以科学世界、百科全书等传统科普主题为主，如《十万个为什么》《中国少年儿童百科全书》等，展现我国前沿科技成果转化及世界先进科学的图书较少。原创图书在内容、质量以及融合创新出版等方面与引进版图书也存在巨大差距，大多数科普图书是“硬科普”，内容偏向说教，晦涩难懂，缺乏引导性、可读性、互动性与趣味性，导致读者难以准确理解图书内容，阅读体验较差。

③科普知识输出与科学精神传播缺乏有机融合

科普书籍出版的意义和功能是：宣传科学知识。但其重点应该是提高读者的科学认识，培养科学思维，习得科学方法，将科学思维和人文素质有机地结合起来，从而使读者能够积极

---

① 郭嘉欣：《我国科普图书出版综述——基于当当网在售科普图书数据》，《科技创业月刊》2020 年第 3 期。

地学习科学知识。科学精神与人文精神，科学思维与人文思维并非相互矛盾，科学与人文艺术互为补充，科学创作应当兼顾理性与艺术、审美，这才是“科文交汇”的科学创作。从目前原创科普书籍的出版情况来看，内容与精神相融合的优秀作品未成规模，总体上与引进类图书仍存在一些差距。

3. **科普节日活动**

（1）全国科普日

全国科普日自2004年以来连续举办，举办时间为每年9月第三个公休日。2009年年末，中共中央书记处在听取中国科协党组工作汇报时，明确指出要继续将“办好全国科普日活动”作为重点工作，并且要求“中央书记处全体同志都要继续参加全国科普日活动”，体现了党中央对全国科普日活动的关心、重视和支持。

科普活动日主题多元迈向品牌化。如广西的“助力乡村振兴、谱写科技新篇——2021年第十一届广西大学生科普演讲比赛”；上海“科学健身加油站”系列科普活动。2022年9月15日，全国各省市均举办了以“喜迎二十大，科普向未来”为主题的全国科普日活动，活动时间一直持续到9月末，取得了很好的效果。

（2）全国科技活动周

科技活动周是全国民众参与度最高、受众覆盖面最广、社会影响力最大的群众性科技活动。自2001年以来连续举办至今，举办时间为每年5月第三周。全国科技活动周每年设置一个主题，各地各部门围绕主题同时举办具有地域特色和优势的科技活动。全国科技活动周除了主场活动，还包含一系列重大示范活动，形成了若干有影响力的品牌，如：全国科技列车行、科学之夜、全国科普讲解大赛、科研机构和大学向社会开放活动、全国科普微视频大赛、科学使者进社区（学校、农村、企业、军营)、全国优秀科普作品推介、科学实验展演会演、“全国中小学生创·造大赛”、“全国未来工程师大赛”等活动。

2021 年全国科技活动周期间，共举办科普专题活动 11.16 万次，比 2020 年增加 2.3%；参加科技活动周的公众达 5.93 亿人次，比 2020 年增长 21.3%（见图 4－1），呈现良好态势。2021 年度全国科技活动周经费共计 3.43 亿元。①

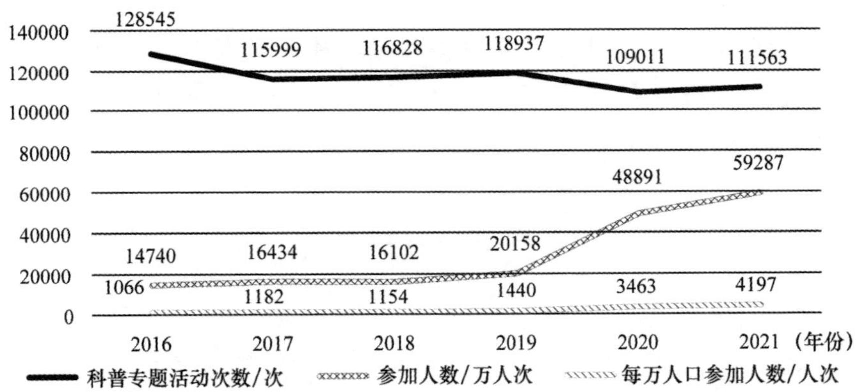

图 4－1　2016—2021 年全国科技活动周情况

2020 年全国共建设青少年科技兴趣小组 15.80 万个，参加人数达到 1121.72 万人次，比 2019 年减少 18.84%。青少年科技夏（冬）令营活动共举办 0.79 万次。在受新冠疫情影响的大环境下，部分单位创新思维，开办云上夏令营等活动，吸引了大量青少年人群，参加人数大幅度上升至 4210.62 万人次，比 2019 年增长 16.63 倍。

（3）全国科技工作者日

自 2017 年开始，每年的 5 月 30 日为全国科技工作者日。各

① 数据来源：科技部：《中国科普统计：2022 年版》，科学技术文献出版社 2023 年版。

地各部门举办针对性的活动，如先进事迹报告会、看望科技工作者等，逐渐成为科技工作者服务的节日品牌。

（4）全国双创活动周

2015 年起开展“全国大众创业、万众创新活动周”（简称“双创周”）活动。2021 年主题为“高质量创新创造、高水平创业就业”；2022 年主题为“创新增动能，创业促就业”，除了主会场和北京会场外，全国各地还设分会场，同步举办。

（5）其他特色活动

2016 年起，科技部、北京市科委、中科院传播局共同支持，中科院物理所在每月最后一周的周一晚上举办“科学咖啡馆”活动，每期都会邀请一位重量级主讲人进行半小时的科普专题报告，此后 1 小时是活动参与者的自由交流环节。该活动已成为中科院物理所的一个特色科普品牌。

（三）传统阵地仍在发挥重要作用

电台、电视台作为现代大多数人获取知识的渠道，已经成为重要的知识传播渠道之一。2021 年，全国广播电台共播出科普（技）节目 14.60 万小时，比 2020 年增加了 1.77 万小时。全国电视台共播出科普（技）节目 17.75 万小时，比 2020 年增加 1.29 万小时。①

评估组于 2022 年 5 月对较为流行的听书软件“喜马拉雅 FM”APP 进行了观察，发现其并未开设科普专栏。用“科普”作为关键词进行搜索，搜索结果中有科普中国系列节目“科普有道”，主要内容为辟谣伪科学、科普微课堂，累计播放量共计 3.2 亿次；儿童科普节目“二十万个为什么”，主要内容为满足

① 数据来源：科技部：《中国科普统计：2022 年版》，科学技术文献出版社 2023 年版。

儿童求知欲，累计播放量5619.1万次；“超能细菌大战·东东龙科普故事”，主要内容为听细菌探险故事，学科学防护知识，累计播放量1.2亿次；“安全警长啦咘啦哆·幼儿疫情安全科普”，主要内容是传播安全知识，播放量为8亿次。由此可见，广播电台在少儿科普方面起到了一定的积极作用。同时，在少儿科普领域，可以加大对广播电台的宣传力度；培养更多的自媒体从事电台领域的少儿科普工作；并在广播电台领域加大对其他重点人群的科普工作；努力打造出电台领域的科普专栏。

（四）网络和新媒体成为重要渠道

随着信息科技的发展普及，网络科普也逐渐走上舞台中央。据中国科学技术协会2022年8月发布的《2021年度事业发展统计公报》数据，近年来新媒体技术的发展助力科学传播事业蓬勃发展。其中，由各级科协、学会主办的科普类网站达1572个，全年浏览量143.3亿人次；主办科普APP 247个，下载安装1333.6万次；主办科普微信公众号2767个，关注量9683.4万人；主办科普微博589个，粉丝量达到惊人的6亿人。一大批网络科普账号抓住社会热点，用紧跟时事的科普内容让科普走进了千家万户，提起了人们对于科普的兴趣。

2021年以信息技术和网络技术为支撑的线上科普传播，由于其开放性和公共性特征，在疫情期间担当了科普传播一线阵地的角色。全国共建设科普网站1867个，比2019年减少3.05%。2021年，全国共建设科普类微博1669个，发布各类文章133.31万篇，阅读量达153.56亿次；科普类微信公众号7949个，发布各类文章177.55万篇，阅读量达51.80亿次。①

① 数据来源：科技部：《中国科普统计：2022年版》，科学技术文献出版社2023年版。

评估组抽查了搜狐网、腾讯网、网易网、新浪网、凤凰网、人民网、新华网、中华网、和讯网、中国网十个国内门户流量靠前的网站进行评估。其中只有腾讯网、人民网、新华网三家网站开设了科普网页，未在搜狐网、网易网、新浪网、凤凰网、中华网、和讯网、中国网找到科普网页或专栏。同时，评估组对于三个开设了科普网站的网页进行评估，发现其质量参差不齐。如腾讯网设置了科普网页，但是运营情况并不理想。腾讯网科普网页展示了首都科学讲堂、少年科学小实验、实验 PK 秀等科普内容，但同时其内容中存在“北京纯股票交流”等广告或与科普相关度不高的内容。

人民网设置了科普网页，网页运行情况良好并持续不断更新内容。其在科普网页下又细分了“百科”“母婴”“辟谣”“热点”“急救”“养生”等专题，并将关键内容设置成了不同的合集，方便网民有针对性、选择性地查看自己所需求的内容。在网页底部插入了“科普中国系列品牌网站”链接，点击后可以直接跳转到“科普中国”“科学答人”“科幻中国”“科技前沿大师谈”等优质科普网站。

新华网设置了“新华科普”科普网页，运行情况较好，更新内容及时。其设置了“科普中国”“科学知视”“图文”“活动”等专栏，与人民网一样在网页底部插入了“科普中国系列品牌网站”链接，点击后直接跳转到“科普中国”“科学答人”“科幻中国”“科技前沿大师谈”等科普网站。

由上述评估结果可以看出，我国流量靠前的网站并非都能很好地贯彻《科普法》的规定设立科普页面，这也从侧面反映出社会力量未能充分地参与到科普事业中。这些具有流量的网站应当发挥流量优势，做好科普宣传工作。如今网络与群众生活休戚相关，大众获取新闻和知识的重要途径就是这些头部流量网站，若这些网站能够主动承担起宣传科普知识的社会责任，优化网页设置、增加科普频道、加大投放力度，科普的宣传与传播工作将会事半功倍。

2021 年国务院出台的《全民科学素质行动规划纲要(2021—2035 年)》对网络媒体做出科学普及要求，体现在对农村、老年人、青少年等网络弱势群体做出科普倾斜。各地大多按照其要求，由当地具有科普职责的政府机关、党政团体、科技协会、医疗机构等结合新兴的网络、新媒体平台上的主流媒体，对具体内容进行落实，用行业擅长的方式将科普事业寓教于乐，推动科学知识的普及。具体情况如下。

各地科研机构利用主流媒体的流量优势，结合自身的科学研究资源承担起科普的社会职责，普及重大的科技成果，对农民、老人、青少年群体等重点人群进行科普。同时，也结合社会热点破除网络谣言，揭露打击伪科学等。其形式主要包括网络科普知识竞赛、网络科普作品竞赛、科幻电影联盟、科普公益广告、线上科普讲座等。如在“农民科学素质提升行动”中，以中国农学会、中国科协农村专业技术服务中心为主办单位，以中国科协、农业农村部为承办单位，联合其他如科普中国平台、全国农业科教云平台、腾讯网、光明网等支持媒体，按照规划要求举办了“全国农民科学素质网络知识竞赛”。以中华医学会、中华预防医学会、中国药学会等为主办单位，以中国医学科学院医学信息研究所为承办单位，结合搜狐健康、新浪健康、39 健康网等线上医药新媒体平台，举办了“全民健康科普知识网络竞赛”。

中国科学传播能力快速提升，广播电视和互联网平台成为科普宣传的主要阵地。公共卫生和传染病防控的相关知识与方法受到媒体、公众的高度关注，介绍科学防疫的各类作品也得到迅速传播。与此同时，短视频的加入也使科普变得生动有趣起来，使大众的接受度更高。许多相关主体开设微信公众号、微博、哔哩哔哩、抖音、快手等账号，形成“新媒体矩阵”。线上平台建设有力推动线下活动开展。“科普日云平台”为全国各地、各领域的科普活动主办方提供了展示平台，覆盖现场直播、科普视频、云游科普日现场、知识竞赛、科普课堂等多种类型的活动。

新媒体和社交媒体已成为获取公共卫生信息的主渠道。调查结果显示，社交媒体微信（82.4%）和微博（75.8%）成为民众了解新冠疫情最主要的渠道，其次是传统的电视渠道（42.9%），然后是网站（41.1%）和新闻客户端（40.8%），周围人口口相传的形式也有部分人使用（29.0%），报纸（7.9%）和本地论坛（7.7%）使用的人较少。①

网络虽然给科普工作带来了很大的便利，但是如何正确识别纷繁复杂的网络信息却并非易事。线上科普的蓬勃发展，使得社会大众更容易在日常生活中了解并学习科普知识。应当注意到，网络科学传播的门槛较低，所以极易造成伪科学或错误的传播。诸如虚假信息传播的泛滥、打着科普名义的产品推销、卖课等都值得关注。正确的科普内容会让群众提高科学素养，而错误的科普知识则会带来难以想象的后果。流量即金钱的时代，各类人员纷纷加入科普大军，是真的为了科普而善意科普，还是为了流量而恶意科普引流卖货、煽动焦虑，真假难辨且鱼龙混杂。显然，在网络传播时代，明确平台责任，加强审核把关非常重要。

---

① 中国社会科学院社会学研究所社会心理学研究中心：《新冠肺炎疫情下的社会心态调查报告——基于2020年1月24日—25日的调查数据分析》，《国家治理》周刊2020年2月甲、乙（合刊）。

五 应急科普建设

近年来，极端气象灾害、公共卫生事件频繁发生，社会安全、安全生产等形势仍相当严峻。突发事件带有突发性、紧迫性、严重性、群体性等特点，是对国家治理体系和治理能力的集中检验。落实和加强应急科普知识教育，提升应急防灾意识和自救互救能力，是应急工作和应急科普的重要任务。

2005 年，国务院办公厅印发《应急管理科普宣教工作总体实施方案》，要求以科普应急知识为重点，提高公众的防险、避险、自救、互救和减灾等能力。按照灾前、灾中、灾后的不同情况，分类普及应急知识。2018 年机构改革之后，应急管理部承担安全生产、防灾减灾救灾、应急救援等职责。2021 年，应急管理部宣教中心新“三定”下发，新设“科普部”，负责开展应急管理科普研究及知识和技能普及，开展应急管理科普宣传教育和安全体验基地建设咨询服务。

应急科普为群众、企业提供灾害预防预警、救助处置、恢复重建等方面的宣传、教育等服务，有利于提升社会各界应对突发事件的意识和能力，进而维护生命健康和财产安全，将可能损失予以最小化。

（一）应急科普的特殊性

与常规科普相比，应急科普基于其对象、目标，具有较强的特殊性。

其一，具有较强的紧迫性和时效性。应急科普存在紧急需求，具有较强的时效性。一方面，涉及科技的热点事件、突发事件较为多发；另一方面，突发事件中的科技专业因素日渐浓厚。

其二，涉及多个领域和环节。应急科普涉及卫生健康、农业、应急管理、安全生产、气象、地震等领域，相关谣言多发频发。我国是世界上自然灾害最为严重的国家之一，灾害种类多、分布地域广、发生频率高。同时，各类事故隐患、安全风险交叉作用，影响公共安全的因素日益增多，相关内容往往需要向大众科普。

其三，与相关制度机制关系密切。应急科普往往与回应关切、安抚社会情绪、舆情应对、应急宣传教育等存在密切关联或交叉。

（二）应急科普进展与成效

科普宣传是应急管理的“压舱石”。应急处置以尊重科学、遵循科学规律为核心。公众对相关科学知识的了解把握，有利于有序应对突发事件，缓解焦虑情绪。近年来，应急科普已有较为长足的实践和发展，在提升全社会科学氛围，推动突发事件应对处置的科学化、理性化，起到了巨大作用。

1. 应急科普的制度进展

较为系统、制度化的应急科普，其里程碑为 2003 年“非典”防治。2007 年出台的《中华人民共和国突发事件应对法》就突发事件应急知识的宣传活动和应急演练，公众媒体应无偿开展突发事件应急知识的公益宣传等内容做出规定。

2008 年修订后的《中华人民共和国防震减灾法》第 7 条规

定："各级人民政府应当组织开展防震减灾知识的宣传教育，增强公民的防震减灾意识，提高全社会的防震减灾能力。"第14条第2款要求防震减灾规划的编制，应当对"防震减灾知识宣传教育等做出具体安排"，第44条第1款规定："县级人民政府及其有关部门和乡、镇人民政府、城市街道办事处等基层组织，应当组织开展地震应急知识的宣传普及活动和必要的地震应急救援演练，提高公民在地震灾害中自救互救的能力。"在其他条款内容中，也有关于地震应急科普的相关规范要求。

2017年出台的《"十三五"国家科普和创新文化建设规划》提出要"建立起经常性与应急性相结合的科普工作机制"，要"加强社会热点和突发事件的应急科普工作"。应急管理部成立后，应急科普发展较快。2020年，中国科协、中央宣传部、科技部、国家卫生健康委、应急管理部《关于进一步加强突发事件应急科普宣教工作的意见》出台，对于应急科普的指导思想、基本原则和主要任务、保障措施予以明确。

2021年国务院出台的《"十四五"国家应急体系规划》要求"加强安全文化建设"，其中对实施应急科普宣教进行专门部署，明确提出："推动建立公众安全科普宣教媒体绿色通道，加强基于互联网的科普宣教培训，增强科普宣教的知识性、趣味性、交互性。推动安全宣传进企业、进农村、进社区、进学校、进家庭，推进消防救援站向社会公众开放，结合防灾减灾日、安全生产月、全国消防日等节点，开展形式多样的科普宣教活动。"在社会应急能力提升方面，将"应急科普宣教工程建设"作为专门板块，要求"实施应急科普精品工程，利用传统媒体、网站和新媒体平台等载体，面向不同社会群体开发推广应急科普教材、读物、动漫、游戏、影视剧、短视频等系列产品。建设数字防灾减灾教育资源公共服务平台、标准化应急知识科普库、公众科普宣教平台和应急虚拟体验馆。利用废弃矿山、搬迁化工企业旧址和遗留设施等，建设安全生产主题公园、体验基地；依托科技馆、城市森林公园、灾害遗址公园等设施，建设一批集灾害事故科普教育、法规政策宣传、应急体验、自救互救模拟等功能于一体的安全文化教育基地；分级建设一批应急消防科普教育基地”。由此，应急科普成为国家应急体系的重要组成部分。

2021 年国务院出台《全民科学素质行动规划纲要（2021—2035 年）》，提出要“建立应急科普宣教协同机制”。中国气象局的《国家气象灾害防御规划（2009—2020 年）》将“气象防灾科普教育工程”，作为气象灾害防御工程之一。2021 年，中国气象局出台《重大灾害性天气科普联动工作方案》，实行重大天气应急科普“一过程一策”。2015 年的环境保护部、科技部、中国科协《关于进一步加强环境保护科学技术普及工作的意见》，要求“做好环境热点问题和突发环境事件的舆论引导，探索开展应急性环保科普活动的方式、方法”。

不少地方针对应急科普出台了相应的政策文件，如《上海市科学技术普及条例》明确，突发事件发生后，相关行政管理部门应当按照应急预案，向公众提供有效的应急科普，依法及时向公众发布灾情信息，澄清不实传闻和伪科学谣言；2007 年的《贵州省应急管理科普宣教工作总体实施方案》强调“以应急知识普及为重点，大力提高公众的预防、避险、自救、互救和减灾等能力”；2013 年的《河北省突发事件应对条例》要求“各级各类学校和幼儿园应当将应急知识教育纳入教学内容，根据学生的年龄和认知能力，采取多种形式开展应急知识教育，培养学生的安全意识和自救与互救能力”；2015 年的湛江市人民政府办公室《关于加快推进全市应急科普知识教育工作的实施意见》提出“建立起结构合理、任务明确的社会应急教育体系”；等等。

2. 应急科普联动机制初步形成

按照突发事件应急管理的不同类型、不同阶段，形成部门间的协调联动机制。依照2020年的中国科协、中央宣传部、科技部、国家卫生健康委、应急管理部《关于进一步加强突发事件应急科普宣教工作的意见》，根据应急响应等级，政府机关依据《中华人民共和国突发事件应对法》和相关法律，做好政策解读和知识普及；宣传部门负责指导协调宣传工作；科技部门负责突发事件科研攻关的权威发布；卫生健康部门负责应急管理相关公共卫生、健康生活方式科普的牵头协调、联动实施和权威发布；应急管理部门负责自然灾害、事故灾害等应急科普的牵头协调、联动实施和权威发布；科协负责联系专家生产精细化科普内容，做好资源汇聚和协同传播。相应地，气象局、水利部、科协建立防汛抗灾应急科普联动机制，联合中宣部、网信办、地方党委宣传部建立气象灾害防御科普宣传机制。

国务院应对新型冠状病毒肺炎疫情联防联控机制综合组《关于新冠肺炎疫情防控常态化下进一步加强健康教育工作的指导意见》提出，宣传、网信、广电部门会同卫生健康部门加强对媒体传播疫情防控等健康教育信息的规范和管理，引导各类媒体传播权威机构的科普知识。在新冠疫情相关科普中，中国疾病预防控制中心发布的内容与国家卫健委相似，但更具体，体现了不同的侧重点。比如，就正确使用消毒剂的问题，中国疾病预防控制中心就不同类型消毒剂的使用，提供了更为系统的指引。而生态环境部制作《新型冠状病毒肺炎疫情防控环境保护科学知识问答》，指导疫情防控中的环境保护工作。应急管理部的科普则更多针对地方各级应急管理部门工作人员、消防救援队伍及复工复产，主要关注疫情期间的安全生产和灾害应对。

3. 应急科普实践日渐丰富

传染病防治、防灾减灾、应急避险等应急科普日渐丰富。以“5·12防灾减灾日”“安全生产月”“119消防宣传日”等应急领域重大活动为契机，进行应急科普，通过应急科普破解谣言，已经日渐常态化。其典型做法如下。

应急管理部宣教中心积极参与“全国科普日”活动，举办全国应急科技周启动仪式，选拔应急科普选手推荐参加全国科普讲解大赛，策划摄制公益广告在央视多频道多轮次播出，邀请主持人录制宣传视频为应急科普发声，制作暑期安全专题教育微视频在新媒体平台展播，组织开展应急科普优秀作品征集展示，组织“应急守护共筑安全长城”系列访谈、“测测你的安全力”知识竞赛、“人人 dou 安全”抖音话题宣传等多项应急科普宣教活动。

地震科普方面，中国地震局向公众介绍地震预警的概念、等级、标识等相关基础知识，并提供针对性防御措施建议，有利于大众在收到地震预警信号信息时，沉着、冷静和科学地对待处置。

气象科普方面，气象局实行重大天气应急科普“一过程一策”，联合中央媒体、新媒体推出重大天气大型融媒体直播；针对各类灾害天气，推出图解、手绘、防御宝典等样态的产品。

4. 应急科普队伍建设相对领先

涉及应急科普职责的，主要集中在卫健、应急管理、气象等部门。2019 年，卫健、应急管理、气象三个部门的科普专职、兼职人员为 33.95 万人，占科普总人数的 18.15%。①

5. 公共卫生相关科普发展迅猛

科学是应对公共卫生事件最有力的武器。各类公共卫生风险的防控，凸显出提升应急科普能力建设的重要意义。2020 年

---

① 参见王挺等《完善应急科普机制 促进科普高质量发展》，《国家科普能力发展报告》（2021），第 16 页。

新冠疫情发生以来，各地各部门广泛开展科普宣传，切实发挥了对疫情防控工作的支撑作用。疫情防控知识和措施的宣传普及，通过科普回应公众关心的热点问题，合理引导公众预期，成为疫情新闻发布会的内容之一。

国家卫健委、中宣部、中央网信办、科技部、广电总局、中国科协等形成应急科普协调联动机制，被纳入国家疫情防控整体工作体系。国家卫生健康委以“健康中国”为核心打造新媒体平台。2020 年 2 月，中国政府网推出“新型冠状病毒感染肺炎疫情防控知识库”，两者的结合增强了科普的权威性，扩大了受众范围。

“尊重科学”成为伟大抗疫精神的重要组成部分。国务院应对新型冠状病毒肺炎疫情联防联控机制综合组印发的《关于新冠肺炎疫情防控常态化下进一步加强健康教育工作的指导意见》要求，普及健康知识，引导公众建立正确健康观；根据疫情变化，动态调整科普教育的基础信息，确保健康科普知识科学准确。卫生健康系统、中国疾病预防控制中心（CDC）和相关部门，发挥了公共卫生事件应急科普主力军的功效。

新华社、人民日报、中央电视台等主流媒体发挥积极作用，提升公众对疫情相关科学信息、科学知识的关注。一大批科学家、医生，以专业精神和责任担当，向社会发声，开展防疫指导、舆论引导和心理疏导等疫情防控科普，对于抵制各类流言谣言、传播科学知识、弘扬科学精神、倡导健康生活方式、提高家庭防控意识和能力、科学开展疫情防控、支持科研攻关等方面，都起到不可或缺的助力。

（三）应急科普存在的问题

应急科普形势总体上仍较为严峻。一方面，公众的应急意识和知识积累存在一定滞后性；另一方面，社会各界对应急科普需求日渐旺盛，而投入供给无论在总量上，还是在质量上，尚远远不足。

1. “重应急、轻科普”格局尚未得到改善

国家的资源投入更多在平时常态化科普活动中，而对于突发事件或社会热点回应的应急科普，制度建设相对滞后，更多靠少数科学家、自媒体自发开展。应急管理的“一案三制”中，应急科普的内容总体较为缺失，已有内容较为笼统，可操作性不强，刚性缺乏。

2. 应急科普责任主体不够明确

在应急科普中，应急管理部门、科技部门、卫生健康部门、其他相关部门之间的分工、协调不够明确。应急科普宣传工作的纲领性政策文件，既缺少科技管理部门的牵头，也缺乏应急管理部门的足够参与，导致效果不佳。“名不正则言不顺，言不顺则事不成。”今后，科技部、应急管理部守土有责，理应就应急科普的推进，共同牵头出台政策文件。在其基础上，再形成其他部门、人民团体、社会组织的政策文件体系。

3. 应急科普力量较为分散

虽然应急管理部总体负责各类突发事件的处置和指导，专业应急科普却分散于自然资源部、卫健委、公安部、教育部等部门，应急科普资源的统筹存在严重不足。在应急之际，各方科普缺位、错位和越位均非罕见。

4. 应急科普供给不足

应急科普供给较为低下，对公众关切的热点问题，突发事件中的科技因素响应不足。应急科普不准确，或者群众产生误解的现象时有发生。应急科普不够契合应急处置需求，供给不

够及时。在突发事件或舆情发酵的初期，这时科普效果较好。待到舆情大乱、各种声音喧嚣之后，官方科普才姗姗来迟，成为“事后诸葛亮”，其效果势必大打折扣。科普不到位或口径不一致，导致公众误解或引发次生舆情，存在引发严重后果的风险，且成为导致一些自然灾害、事故的后果放大的重要因素。

5. 应急科普阵地未能跟进

应急科普仍主要停留在传统媒体，“互联网＋”思维严重缺失。更多为单一化、正襟危坐式的宣教模式，较为单调刻板。互联网、新媒体作为广大网民获取应急信息的主渠道，其科普功能尚有待发掘、展开。

六　科普经费投入保障及其激励措施

（一）科普经费投入保障

经费投入是科普工作持续发展的根本保障。《科普法》第二十三条规定："各级人民政府应当将科普经费列入同级财政预算，逐步提高科普投入水平，保障科普工作顺利开展。各级人民政府有关部门应当安排一定的经费用于科普工作。"第二十六条规定："国家鼓励境内外的社会组织和个人设立科普基金，用于资助科普事业。"第二十七条规定："国家鼓励境内外的社会组织和个人捐赠财产资助科普事业；对捐赠财产用于科普事业或者投资建设科普场馆、设施的，依法给予优惠。"由此可见，我国科普经费主要来自政府拨款，同时也鼓励境内外社会组织和个人捐赠财产资助科普事业。

科技部会在每年发布上一年度全国科普统计数据，其中包括科普经费投入情况。通过在科技部官网和其他网站检索，评估组对《科普法》出台以来每年的全国科普经费筹集总额进行了收集。[①] 自2002年《科普法》出台以来，全国科普经费的筹集额总体呈不断上升趋势，仅2015年、2020年出现了小幅下滑。全国科普经费筹集总额从2004年的24.2亿元，到2021年达到189.07亿元（见图6－1）。

---

① 其中，2002年度、2003年度、2005年度、2007年度数据未找到。

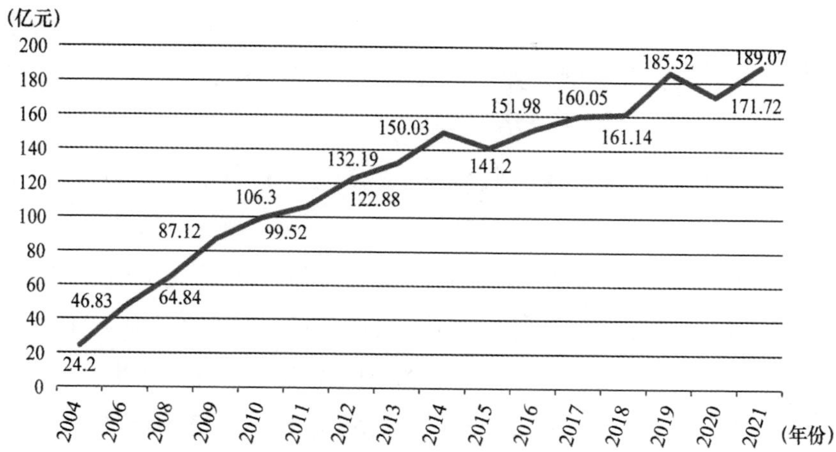

图 6－1　《科普法》出台以来历年全国科普经费筹集额①

2006—2016 年，我国科普经费投入持续呈上升趋势。10 年间我国的科普专项经费增长近 4 倍，由 2006 年 16.7 亿元，到 2015 年 63.6 亿元。2006—2015 年，中国人均科普专项经费年均复合增长速度为 16.3%，由 2006 年的 1.2 元增长至 2015 年的人均 4.6 元。《中国科普统计：2021 年版》统计显示，2016—2019 年科普经费投入在总体上呈现持续上升态势，2019 年科普经费投入达到 185.52 亿元，比 2016 年增长 22.07%。

基于对科普工作公益性的认识，我国科普经费主要来源为政府财政投入。2020 年我国以公共财政为主，持续向科普工作提供经费支持，为全国抗击新冠疫情和全面建成小康社会提供了有力保障。根据科技部发布的《中国科普统计：2021 年版》的数据，全国科普工作经费筹集规模为 171.72 亿元，比 2019 年减少 7.44%。其中，各级政府部门拨款 138.39 亿元，占当年全部经费筹集额的 80.59%，比 2019 年提高 0.97%，政府投入占比连续两年保持上升状态。政府拨款科普经费中，科普专项

① 数据来源：科技部：《中国科普统计：2022 年版》，科学技术文献出版社 2023 年版。

经费为58.82亿元，比2019年减少10.70%，降幅较大。全国人均科普专项经费4.17元，比2019年减少0.53元。捐赠共计0.62亿元，降幅为23.72%。自筹资金24.76亿元，比2019年下降13.09%。其他经费筹集额7.95亿元，比2019年减少6.57%。

2020年全国科普经费使用总额为171.94亿元，比2019年减少7.82%。其中，行政支出31.30亿元，比2019年上升2.35%，占当年科普经费使用总额的18.20%。科普活动支出规模为81.63亿元，比2019年减少7.68%，占当年科普经费使用总额的47.47%，仍然是科普经费支出中最多的类目。科普场馆基建支出共计41.43亿元，比2019年减少19.78%，占当年科普经费使用总额的24.09%。其中用于展品、设施建设支出共计11.71亿元，比2019年减少3.67%。其他支出17.5亿元，比2019年增长10.73%，占当年科普经费使用总额的10.23%。

2021年全国科普工作经费筹集规模为189.07亿元，比2020年增长10.10%，为实现“十四五”时期科普工作良好开局提供了有力支撑。其中，各级政府部门拨款150.29亿元，占当年全部经费筹集额的79.49%。全国人均科普专项经费4.71元，比2020年增加0.54元。科普活动支出83.85亿元，占当年科普经费使用额的44.24%；科普场馆基建支出33.36亿元，占当年科普经费使用额的17.60%；科普展品、设施建设支出19.34亿元，占当年科普经费使用额的10.20%。

（二）科普激励促进措施

《科普法》规定，各级人民政府领导科普工作，应将科普工作纳人国民经济和社会发展计划，为开展科普工作创造良好的环境和条件；县级以上人民政府应当建立科普工作协调制度。因此，各级人民政府在促进科普事业发展方面发挥着重要的领导和协调作用。通过梳理国家及各地出台的科普政策，可以发现，近年来科普激励促进机制逐步完善，但面对社会需求仍存在短板，不够“解渴”。已有的激励促进措施及效果如下。

1. 税收优惠

2003年科学技术部、财政部、国家税务总局、海关总署、国家新闻出版总署印发的《科普税收优惠政策实施办法》，针对科普基地、科普活动、科普基地进口科普音像制品进行税收减免。该办法主要对以下方面做出规定：符合条件的综合类科技报纸和科技音像制品；科技馆、自然博物馆等认定的科普基地；符合税收优惠条件的科普活动以及对于科普基地引进音像制品的申请条件等。

2021年，财政部、海关总署、税务总局发布《关于“十四五”期间支持科普事业发展进口税收政策的通知》，自2021年1月1日至2025年12月31日，面向公众开放的科技馆、自然博物馆、天文馆（站、台）、气象台（站）、地震台（站），以及高校和科研机构所属对外开放的科普基地，对下列几类商品免征进口关税和进口环节增值税，主要为从境外购买自用科普影视作品播映权而进口的拷贝、工作带、硬盘；以其他方式输入并供自己使用的携带有科学知识的电影和电视节目的拷贝、工作磁带和硬盘；在我国不能生产或不能满足要求的自用科普仪器设备、科普展品、科普专用软件等科普用品。该文件的发布进一步扩大了科普免税的范围。2022年3月，科技部、工信部、财政部、海关总署、税务总局等部门联合印发了《“十四五”期间免税进口科普用品清单（第一批）》（以下简称《清单》），其中所列的科普用品，可以根据海关的相关规定，对其进行减免，进一步明确了能够享受减免税的科普用品条件。首先，清单对于免税范围进行了扩大，针对科普进口影视作品扩大了其免税范围，免税认定范围从“拷贝、工作带”扩大到“拷贝、工作带、硬盘”；新增一类免税科普用品，将免税种类扩大到了国内不能生产或性能不能满足需求的科普仪器设备、科普展品、科普专用软件等科普用品范围。在应用方面，《清单》还将目前我国无法制造或者无法达到要求的科普器材、科普展品、科普专用软件等科普器材的范围做了进一步的界定：在特技表演场地中，用于播放电影的屏幕、激光数码投影机、数码放映系统和音频系统，以及光学天文仪、高速照相机等科普器材；科学的陈列品，包括书籍、报纸、期刊、地图、化石、标本、模型；包括专门用于科普工作的软件及软件许可证。

与此同时，各省市也在地方科普立法中提及税收优惠政策。例如，2022 年生效的《上海市科学技术普及条例》第四十一条提到，鼓励国内外的组织或者个人以设立科普基金、捐赠财物等方式资助科普活动，推动科普服务和产品开发。对于为科普工作而捐赠的财物，以及为科普设施建设而进行的科普活动，可以按照国家有关规定享受税收优惠。在地方，江苏省科技厅《关于实施享受科普税收优惠政策科普基地和科普活动认定的通知》《天津市科普税收优惠政策实施细则》等出台，针对当地科普事业发展实际，以及科普基地、科普活动的认定制定了更具体的税收优惠政策。总体上，这些政策有利于减少科普事业运行的税负，对促进科普事业发展起到一定积极效果。

2. 其他激励措施

为鼓励企业、个人参与社会化科普，国家和各地政府积极采取激励措施。

（1）鼓励企业参与科普活动

①政策与实践

国家政策导向对企业参与科普活动有较大的影响。因此，科普宣传队伍需要持续地向市场传递信息，通过政策支持、专项资金鼓励等手段，来引导企业拓展对目标群体的覆盖面，并主动地参加科普活动，将其与政府公益性教育、科普活动相结合。以政府为主导，发挥企业对市场需求的敏锐洞察力，是公益与商业两不误的关键。

政府主导，鼓励企业参与科普，推进市场化、产业化发展，在部分省市的科普实践中已得到落实体现。比如，广东省组建省科普集团，出台鼓励科普产业发展政策，力争尽快形成公益性的科普事业和市场化的科普产业比翼齐飞的新格局。除了政府主导建设的科普场馆，许多社会资本投资建立科技馆、自然博物馆等，如正佳海洋极地世界、长隆野生动物园等。又如，安徽省明光市三界镇科协开展“双碳”科普进企业活动，持续加大碳达峰、碳中和宣传力度，加强科研院所与当地企业产学研用联系，充分发挥科协平台和桥梁作用，大力开展“双招双引”工作，鼓励企业加大科技创新研发投入，降低碳排放量，积极推动产业绿色转型升级。2021 年以来，该镇企业科技创新研发投入达689 万元，同比增长13. 8%，碳排放量降低34. 6%。

②企业诉求

关于科普事业促进机制，企业表现出较强的意愿和需求。

一是期望破解科普激励的软、弱问题。我国科研人员队伍庞大，科普激励的覆盖面和范围毕竟有限，哪怕获得奖励，多数最终无法纳入科研业绩考核，不能支撑科研人员的职业发展，还停留在孤立动员层面。虽然社会多方近年来屡次呼吁改善这种疲弱的激励环境，但事实上情况并未有大的改观。

二是期望突出与企业核心技术和产品、公众热切关注点相关的科普。以青岛四方为例，时速 600 公里的高速磁悬浮测试样车的下线，意味着我国在高速磁悬浮技术领域取得了重大突破，而高速磁悬浮技术的应用也引发公众对于电磁辐射的忧虑甚至产生谣言。作为该项技术创新的主导企业，青岛四方有强烈的意愿和需求开展相应的科普工作。引导公众正确认识磁悬浮技术，一方面能促进高速磁悬浮技术及其应用被广泛认可和接受，有助企业产品销售和利润增长；另一方面也能彰显企业的社会责任感，有助于企业社会形象的建设，从而实现企业与公众的双赢、企业经济利益与社会效益的双赢。

三是期望突出与未来长期可持续发展相关的科普。许多企业期望未来能够在面向青少年群体开展科普方面有所作为，激发青少年群体兴趣，未来能够投入到与企业相关的某一领域的事业之中，实现该事业的长期可持续发展，促进并保持我国在这一领域的领先优势。

③引导企业参与科普活动措施

政府可以使用冠名、联合主办等方式，联合企业开展大规模的科普活动。在此过程中，政府要把握活动的主题和核心思路，而企业则要为其提供先进的技术支持和资金。这样便可通过一种互惠共赢的形式，来实现对科普活动的政企合作，从而实现一种真正意义上的社会化科普的局面。

在选择市场化的合作伙伴时，要选择具有资源和平台、有实力和热情从事科普工作的企业。而汽车制造业、日用消费品、制药等产业，因其与消费者之间存在着紧密的联系，因此也存在对相关产业进行科学研究的动力和需求。但是，随着时间的推移，科技的发展与进步，在科普领域聚焦的行业、公司也会发生变化。因此，我们应该对市场的变化保持高度关注，并进行深入研究，挖掘出那些愿意与政府和科研机构进行合作的公司。

对活动要求进行分类、对赞助商进行分类、对所获利益的大小进行相应的分类，并按照“少就是多”“排他性”等原则，对赞助商进行严格的甄别，并对所获利益进行了相应的评价。对于科普活动的市场开发，也可以制订完善的市场开发计划，按照科普活动的受众、社会影响度及资源需求，对赞助企业行业领域、赞助级别与门槛和权益回报进行分类。这不仅能使公司的资源得到有序、协调、有效的管理和使用，还能在公司内部形成相互竞争、积极参与的良好气氛。

企业坚持投入与产出比的信条使其科普活动也应遵循最大限度利用资源达到最好的宣传目的。一份好的计划书，将会成为厂商是否愿意参加科学传播活动的关键。一场科学普及的宣传往往耗资巨大，因此，宣传的效果和持续性是非常关键的。要想吸引企业参加由政府举办的科普活动，就必须要具备设身处地的思维方式，站在企业的立场上，为企业的利益着想，通过科普活动来提高企业的知名度和社会的曝光率，将企业的技术、人才和资金优势发挥到最大，最终实现共享共赢和可持续发展。政府要将活动宣传、企业回报作为主要的策划内容，并且在策划方案中还需要具有较高的科学素养，将科学传播的主题与成熟的科普活动计划相结合。

（2）鼓励社会公众参与科普活动

针对以上问题，各级政府积极颁布各项措施，通过改革科普工作者评职称等方式，激发科普工作者的积极性、主动性、创造性，并吸引更多社会公众参与科普事业。如人力资源和社会保障部、国家卫生健康委、国家中医药局印发的《关于深化卫生专业技术人员职称制度改革的指导意见》（以下简称《指导意见》），部署卫生专业技术人员职称制度改革工作。《指导意见》明确，破除唯论文、唯学历、唯奖项、唯“帽子”等倾向，不把论文、科研项目、获奖情况、出国（出境）学习经历、博士学位等作为职称申报的必要条件；科学合理对待论文，在职称评审和岗位聘任各个环节，不得把论文篇数和SCI（科学引文索引）期刊收录数等相关指标作为前置条件和评审的直接依据。科普作品、技术专利等均可作为业绩成果参加评审。另外，安徽省科协和省人社厅于2022年3月24日发布的《安徽省自然科研系列科学传播专业技术资格评审标准条件》（下称《标准条件》）。《标准条件》规定，科学传播专业技术人员可以凭借完成科研课题、项目，编辑科学教育书籍，创作科学传播教材教案、视频、科普剧本、讲解稿，策划科普展览和活动，研发科普展品，运营维护科普信息资源平台等业绩条件，申报初级、中级、副高级、正高级科学传播职称，真正做到“干什么，评什么”，再也不用为了“蹭”职称而“硬靠”其他职称系列的业绩成果。为落实国家深化职称制度改革要求，破除“唯论文”问题，《标准条件》还规定，科学传播专业技术人员申报中级和副高职称时，可以自主选择以课题、决策咨询报告、政策类文件（规划、标准）、教材教案、策划方案、研究报告、项目报告、高水平科普文章等代表作成果替代论文。2019 年湖北省科技厅、人社厅发布了湖北省自然科学研究系列专业技术职务任职资格申报评审条件，新增科技服务专业，下设科学普及服务专业，使得科普职称初步落地。这些做法，将吸引更多人才做强创新发展的科学普及之翼，从而夯实全民科学素质基础。

科普基金的促进政策。依照《科普法》第二十六条，境内外的社会组织和个人可以设立科普基金，用于资助科普事业。这里所说的“科普基金”，与投资基金有很大的区别，它的主要用途是为科普事业提供经费，从而提升人们的科学和文化素养，它的经费来源主要有社会捐赠、社会福利和政府拨款等。根据有关的法规，科普基金的管理者应该节俭，减少管理费用，员工的工资和办公费用从利息等收益中支出，并且不能随意增加支出。科普基金的管理者还应该严格按照国家的相关政策，遵循合法、安全、有效的原则，主动地让基金的保值增值，持续地吸收资金，扩大基金的规模，从而达到对科普事业长期、持续、稳定的资助的目的。

《全民科学素质行动规划纲要（2021—2035 年）》提出，大力提倡个人、企业、社会组织等社会力量采取设立科普基金、资助科普项目等方式为科学素质建设投入资金。为吸收社会资金支持科普事业发展，近几年，一些地方、机构、组织已经试点设立科技创新基金，以促进科技创新。这将对吸引社会资本、调动社会力量、促进科技发展起到积极的促进作用。

七　科普产业的发展与成效

在推进科普工作发展的队伍中，社会力量作为不可或缺的一环发挥着重要的作用。《科普法》第六条规定："社会力量兴办科普事业可以按照市场机制运行。"即是说，社会力量可以遵循市场规则采用企业化管理模式兴办科普事业。

（一）科普产业化的意义

党和政府对科普工作的重视程度逐渐提升，习近平总书记提出了"两翼理论"，将科学普及和科技创新并重，要求在提高我国科技实力的同时提高全民科学素质。在这种社会背景下，科普产业逐渐走进公众的视野，吸引了一些企业和资本。产业化、市场化作为科普工作发展的趋势，成为相关部门推动的方向。

大力发展科普产业化、市场化，就是要将科普工作从政府主办逐渐转变为政府、市场社会的共同参与。大力发展科普产业化、市场化的目的在于，一方面，引进更多的社会资本，减少政府的财政压力。在科普工作中，社会力量参与不足，政府拨款仍是科普资金筹集的主要来源。国务院《关于印发全民科学素质行动规划纲要（2021—2035 年）的通知》中提出要保障经费投入，但是从近年来政府拨款数据可以看出，政府经费投入不容乐观（见表 7－1）。显然，过度依赖政府来壮大科普产业，并不现实。

表 7 - 1　　2016—2021 年科普经费筹集情况①　　（单位：亿元）

科普经费筹集总额及其中政府拨款额	2021 年	2020 年	2019 年	2018 年	2017 年	2016 年
全国	189.07	171.72	185.52	161.14	160.05	151.98
	150.29	138.39	147.71	126.02	122.96	115.75
东部	101.08	92.06	102.03	93.76	91.75	90.97
	80.35	70.52	75.95	69.72	67.98	67.89
中部	39.94	37.43	40.81	27.58	27.64	23.44
	31.76	32.26	35.79	23.22	22.08	18.07
西部	48.05	42.22	42.68	39.79	40.66	37.57

另一方面，政府精力有限，一味地依赖政府办科普，缺乏可持续性，也难以保证实际成效。市场作为以利益为导向的运作机制，会更关心和了解公众的喜好需求，也更有研发创新的积极性。显然，推动科普市场和科普产业的发展，将有利于提高科普效能，激发科普热潮。因此，政府应当着力于吸引社会资本发展科普，通过科普市场化、产业化的方式，调动市场主体的积极性，整合科普资源，探索科普与其他产业融合的最佳方案，推动科学知识在社会各界的广泛传播和应用。

（二）科普产业化法律政策

1. 消除政策制度障碍

《科普法》第六条规定："国家支持社会力量兴办科普事

① 数据来源：科技部：《中国科普统计：2022 年版》，科学技术文献出版社 2023 年版。该表数据为四舍五入后的数据。

业。社会力量兴办科普事业可以按照市场机制运行。”这一规定为科普事业增添了市场力量，即激励社会资源投入，使企业和社会力量在实现科普产业化、发展科普事业的同时能获得市场利润，这不仅使科普的社会效益和市场效益得到统一，而且更有利于实现科普的多元化和长效化。2014 年国务院《关于加快科技服务业发展的若干意见》特别提到了科学技术普及服务，如表示要“引导科普服务机构采取市场运作方式，加强产品研发，拓展传播渠道……加大科技传播力度，提供科普服务新平台”。这进一步明确科普事业发展的方向，即以市场运作方式，依托科普产业化平台，研发科普产品，加快科普知识传播，为公众提供更好的科普服务。2007 年科技部、中共中央宣传部、国家发展和改革委员会等《关于加强国家科普能力建设的若干意见》提出“坚持政府引导与全社会参与、公益性与市场机制相结合的原则”，鼓励全社会发展科普产业，坚持社会效益与市场效益统一发展。《全民科学素质行动规划纲要（2021—2035 年)》提出“推动科普事业与科普产业发展，探索‘产业 + 科普’模式”。由此，“产业 + 科普”的发展理念初步确立。将科普产业与其他产业行业相融合，比如“科普 + 文化”“科普 + 旅游”等，使得科普渗透到公众生活的方方面面，也更有利于实现科普的宣传教育作用。

2. 科普激励政策出台完善

《关于“十四五”期间支持科普事业发展进口税收政策管理办法》对符合条件的科普基地、科普影视作品、科普展品、科普仪器设备等实施进口免税政策，以助力科普产业发展。

由于组织科普活动的目的不同，企业的科普工作与科协、社会组织、基金会等具有一定差异。企业内部的科普活动主要是为了满足企业对人力资源的需要，对企业员工的科学素养进行培训是科普的主要内容。比如，宝钢员工大约有 12 万人，每年的培训人次达到了 79 万人次，足以看出培训力度之大。企业外部的科普活动主要围绕在提高企业知名度，加强企业民众好感度上。一些知名企业大力出资帮助建设科普场馆，获得企业宣传效应的同时对科普工作做出了一定贡献。北京经济开发区更是围绕小学高年级学生和初高中学生实际需求，联合京东、北京奔驰、可口可乐、中航智、合众思壮、星际荣耀等 15 家企业推出研学游项目，将学生的科学课堂搬进企业生产车间和研发创新基地，推动在企业内部建立北京奔驰馆、京东科技探索馆、北斗卫星导航应用博物馆等 50 个科技馆。

（三）科普产业发展取得的成效

科普活动的形式并非固化，科普既可以和文化相结合形成科普传媒产业，如科普图书、报刊、自媒体，也可以和旅游业相结合形成科普旅游业，因此在形式上可以将其表述为“科普 + 产业”。而这些产业只有政府是远远不够的，更多的是要发挥市场的主动性和积极性，引导社会主体参与，才能集思广益，刺激科普产业的繁荣，这样才能加大科普工作的成效。

根据统计数据，将 2016—2021 年有关科普产业的数据制作成图 7 – 1 至图 7 – 4①：

---

① 东部地区包括北京、天津、河北、辽宁、上海、江苏、浙江、福建、山东、广东和海南；中部地区包括山西、吉林、黑龙江、安徽、江西、河南、湖北和湖南；西部地区包括内蒙古、广西、重庆、四川、贵州、云南、西藏、陕西、甘肃、青海、宁夏和新疆。

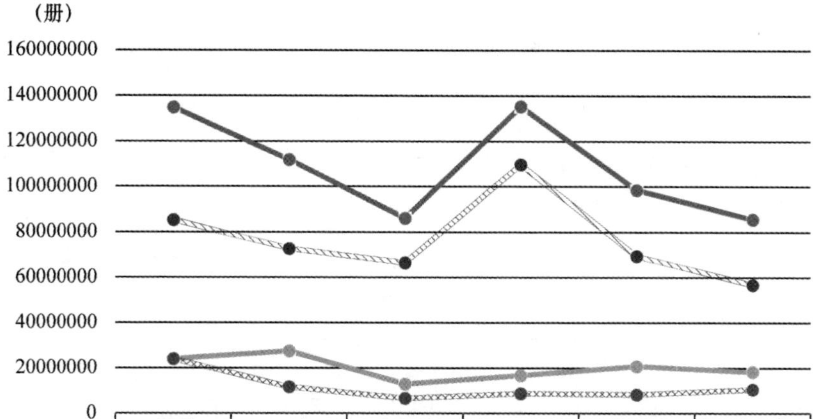

	2016年	2017年	2018年	2019年	2020年	2021年
全国	134873318	111875518	86065954	135272100	98535977	85598881
东部	85294711	72704552	66512461	109756196	69474580	56748227
中部	24023102	27547001	12921152	16745128	20765358	18256165
西部	24023102	11623965	6632341	8770776	8296039	10594489

图 7－1　2016—2021 年科普图书出版总册数①

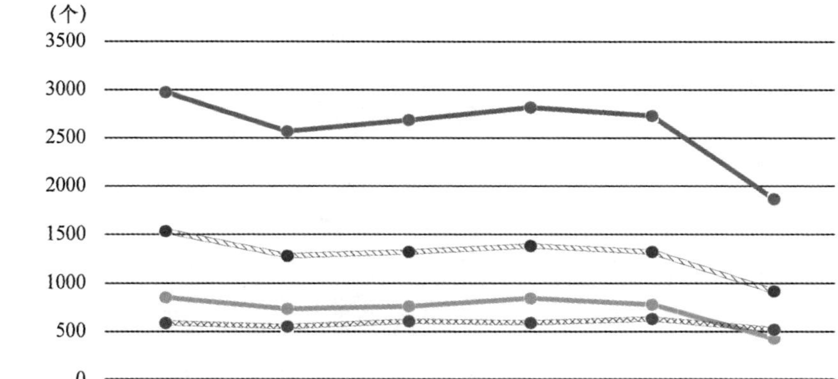

	2016年	2017年	2018年	2019年	2020年	2021年
全国	2975	2570	2688	2818	2732	1867
东部	1534	1281	1321	1383	1321	918
中部	853	736	760	845	780	429
西部	588	553	607	590	631	520

图 7－2　2016—2021 年科普网站数②

①　数据来源：科技部：《中国科普统计：2022 年版》，科学技术文献出版社 2023 年版。部分数据仅到 2020 年。

②　数据来源：科技部：《中国科普统计：2022 年版》，科学技术文献出版社 2023 年版。

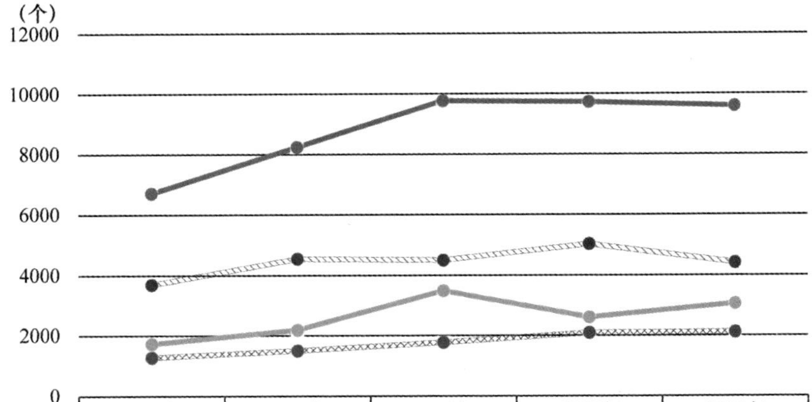

	2016年	2017年	2018年	2019年	2020年
全国	6711	8236	9771	9725	9593
东部	3697	4546	4505	5032	4416
中部	1728	2187	3489	2603	3062
西部	1286	1503	1777	2090	2115

图 7－3　2016—2020 年众创空间数量

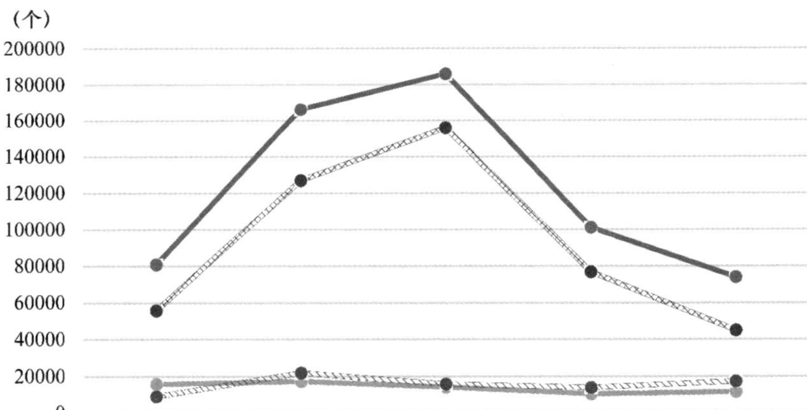

	2016年	2017年	2018年	2019年	2020年
全国	80792	166301	185947	101223	73938
东部	55801	126932	155843	76859	44970
中部	15818	17314	14192	10490	11577
西部	9173	22055	15912	13874	17391

图 7－4　2016—2020 年孵化科技项目数

（四）科普产业存在的问题

数据分析显示，全国范围内科普产业整体上发展平缓，未出现激增上扬，个别年份存在倒退。总体上，我国科普产业发展势头较弱，对市场主体和资本吸引力不强，东、西、中部地区之间发展不均衡。

1. 促进政策较为笼统且缺乏操作性

有关科普产业的政策内容的分析显示，中央发布的文件中大多是倡导性、宏观指导性条文；地方出台的科学技术普及条例、全民科学素质行动规划纲要实施方案中对于发展科普产业往往一带而过，没有明确规定由哪个政府部门作为扶持科普产业的主要负责部门、采取何种措施来激励市场主体参与科普产业的建设等，缺乏可操作性。总体来说，完整成熟的产业发展扶持政策体系，尚有待建立完善。

2. 科普产业总体散小弱且区域失衡

科普产业的发展正处于起步、摸索阶段，具有影响力的科普品牌较少，整体上散、小、弱，没有形成规模化、集约化、专业化的发展格局，尚不能自主稳定发展，需要政府拨款扶持。并且由于社会主体参与不积极，部分领域的科普产业形势较为低迷，还没有形成整体向好的积极态势。

从第二部分“2017—2021 年有关科普产业的数据图表”中可以看出我国东、西、中部科普产业明显不均衡，东部地区科普产业规模较大，造成这种不均衡的原因应该与各地经济发展、人口数量的不同情况有关。但是如果放任这种差异的发展，势必会导致落后地区人员的积极性越来越差，因此必须做好扶持工作，引导各地区互相学习借鉴，下好区域发展全国一盘棋。

八　科普人才队伍建设

科普人员作为科普活动的实施者、科技知识的传播者，是我国科技工作者的重要组成部分。《科普法》出台以来，国家及地方各级政府重视科普人才队伍建设，先后出台了一系列规定，鼓励科研人员做好科普工作。本部分结合现行规定及科普人才队伍建设的状况做简要分析。

根据其从事科普工作的时间占总工作时间的比重以及其职业性质来区分，可以将其分成两类：一类是科普专职人员，另一类是科普兼职人员。科普专职人员指的是从事科普工作占其全部工作时间的60%或更多的人，这些人的组成有：各级国家机关和社会团体的科普管理人员，在科研院所、大中专院校中，从事科普研究和创作的工作人员，专职科普作家，中小学专职科技辅导员，各种科普场所的有关工作人员，科普类图书、期刊、报纸科普（技）栏目的编辑，电台、电视台科普频道、栏目的编导，科普网站的信息处理人员等。科普兼职人员作为科普专职人员队伍的重要补充，在非职业范围内从事科普工作，其工作时间不能满足科普专职人员的需求，主要有以下几种类型：开展科普（技）讲座等科普活动的科技人员、中小学兼职科技辅导员、参与科普活动的志愿者和科技馆（站）的志愿者等。

（一）人才队伍政策日趋丰富

近年来，从中央到地方的全民科学素质行动规划纲要均提及科普人才队伍建设，作为推进基层科普能力提升的重点工程。国务院印发的《全民科学素质行动规划纲要（2021—2035 年）》提出“加强专职科普队伍建设”，强调从科普场馆、科普基地、科技出版、新媒体科普、科普研究等各个社会领域大力发展专职科普人才队伍，并提出要鼓励高校设立科普岗，建立高校科普人才培养联盟，加大高层次科普专门人才培养力度，推动设立科普专业。此外还对科研机构、企业提出了相应要求。

北京市人民政府办公厅印发的《北京市全民科学素质行动规划纲要（2021—2035 年）》提出“强化科普人才队伍建设”，利用首都人才高地优势，汇聚科技人才，并充分发挥科学传播专业职称作用，指出要“构建由顶级专家引领、领域专家指导、专职人员汇聚、科普志愿者组成的高素质科普人才队伍，建立科普专家库”。实施科技工作者的科技素质提高计划，充分利用科技工作者的优势，增强北京地区科技工作者的素质，强化科技工作者的素质，并对科技工作者进行专兼职的职业训练，建立现代化的科技观念，提高科技工作者的职业素质。重庆市人民政府办公厅印发的《重庆市全民科学素质行动规划纲要实施方案（2021 — 2025 年）》提出“加强专职科普队伍建设”，建立完善科普人才培养、使用和评价机制，持续推动科普专业人才职称评定工作，建立高校科普人才培养联盟，加大高层次科普专门人才培养力度，推动高校设立科普专业，推动开展重庆市年度科学传播人物评选。辽宁省人民政府印发的《辽宁省全民科学素质行动规划纲要（2021—2035 年）》明确，要“加强专兼职科普队伍建设”，建立专兼职科普人员的职业能力提升机制。探索设立科学传播专业技术职称，开展评定工作。

（二）我国科普队伍的发展

1. 总体情况

科普统计调查数据显示，自 2016 年以来，我国科普人员队伍总体较为稳定，各类科普人员数量并未出现大幅度波动。从总体上来看，我国科普人员总数在 2019 年达到峰值，共有 1870568 人，而在这之后的 2020 年又缩减至 1812951 人，降幅为 3.08%。与此同时，我国科普兼职人员数量远远大于科普专职人员数量（见图 8－1）①。这也反映出我国科普工作亟须加快

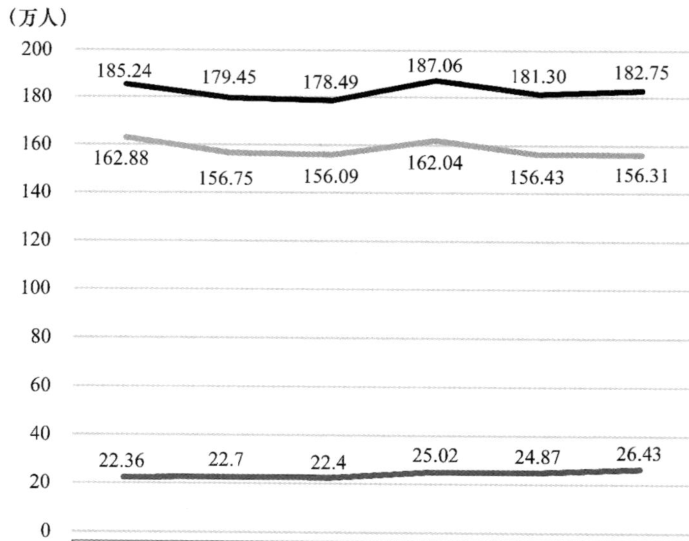

	2016年	2017年	2018年	2019年	2020年	2021年
科普专职人员	22.36	22.7	22.4	25.02	24.87	26.43
科普兼职人员	162.88	156.75	156.09	162.04	156.43	156.31
总人数	185.24	179.45	178.49	187.06	181.30	182.75

图 8－1　2016—2021 年科普人员数量

① 数据来源：科技部：《中国科普统计：2022 年版》，科学技术文献出版社 2023 年版。

科普专业人才队伍建设。相比于专职人员，科普兼职人员在进行科普工作过程中有更高的自由度，但同时也可能缺乏科普工作所需要的专业性、稳定性。

除了科普专职人员和科普兼职人员，全国各地均有注册科普志愿者，其人数规模更大。在全社会各领域开展科普工作，不仅需要专门的科普工作队伍，也需要大量的科普志愿者积极协助，广泛宣传，助力科普工作顺利推进。我国注册科普志愿者数量在经过2016—2018 年三年的小幅度下降后，以2018 年为转折点开始逐年增长，并在 2021 年达到了 483. 74 万人，为科普事业发展提供有力的帮助（见图 8 - 2）①。

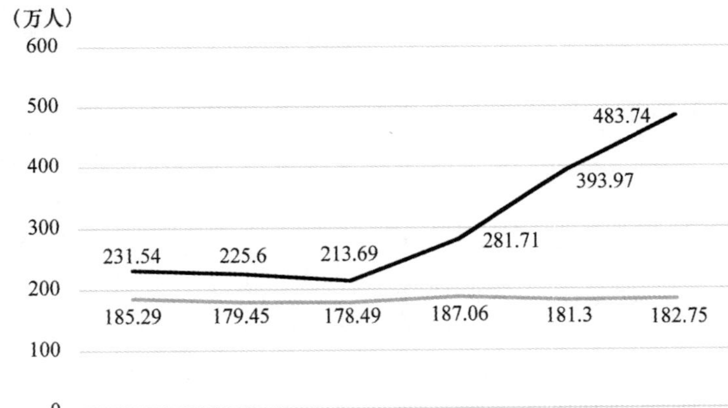

	2016年	2017年	2018年	2019年	2020年	2021年
科普人员总数	185.29	179.45	178.49	187.06	181.3	182.75
注册科普志愿者	231.54	225.6	213.69	281.71	393.97	483.74

图 8 - 2　2016—2021 年科普人员数量、注册科普志愿者数量

2. 科普专职人员

中国科普专职人员的数量自 2016 年以来稳中有增，其中农村科普人员和管理人员数量变化不大，科普创作人员数量逐年增长，

① 数据来源：科技部：《中国科普统计：2022 年版》，科学技术文献出版社 2023 年版。

全国中级职称及以上或大学本科及以上学历人员和女性科普人员数量增长明显。女性科普人员在 2020 年略有减少，在 2021 年有所回升，总体上仍呈现增长趋势（见图 8－3）①。

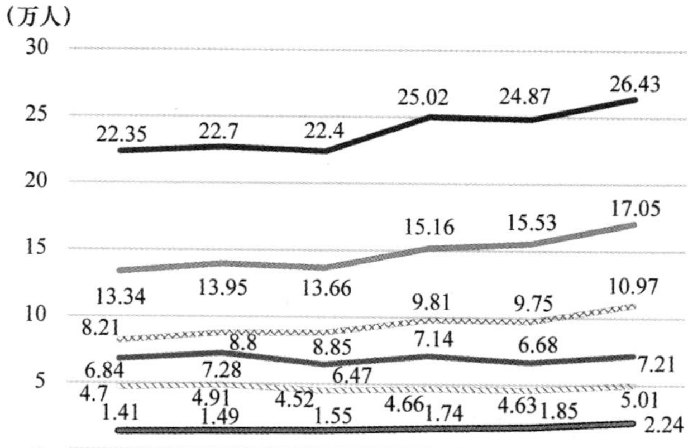

	2016年	2017年	2018年	2019年	2020年	2021年
科普专职人员	22.35	22.7	22.4	25.02	24.87	26.43
中级职称及以上或大学本科及以上学历人员	13.34	13.95	13.66	15.16	15.53	17.05
女性科普人员	8.21	8.8	8.85	9.81	9.75	10.97
农村科普人员	6.84	7.28	6.47	7.14	6.68	7.21
管理人员	4.7	4.91	4.52	4.66	4.63	5.01
科普创作人员	1.41	1.49	1.55	1.74	1.85	2.24

图 8－3　2016—2021 年科普专职人员数量

科普创作队伍不断壮大，人员素质有所提升。我国越来越重视在科普工作中鼓励科技创新，激励科普创作，以此吸引专业科技人员从事科普事业。随着我国中级职称及以上或大学本科及以上学历的科普人员数量逐渐增多，科普工作队伍的专业性不断增强。专业的科学知识是发展科普工作的重要因素，经过专门的专业技能培训或科学理论学习的科普人员能够在科普工作中发挥更大的作用。女性科普人员的增长也说明我国女性

① 数据来源：科技部：《中国科普统计：2022 年版》，科学技术文献出版社 2023 年版。

受教育程度越来越高，而女性因其自身优势，能够在特定领域发挥不可或缺的作用。

农村科普工作尚未有较大突破，队伍建设需加强。农村专职科普人员数量很大程度上受当地农村政策扶持、产业经济、观念转变、文化教育等多方面发展的影响，相比在城市发展科普事业，农村科普事业更加任重道远，需要长期努力，以乡村自身发展为基础，抓住农村青少年、老年农民等特殊重点群体，培养农村专职科普人员。

3. 科普兼职人员

近年来中国的科普兼职人员数量总体上未出现较大变化（见图 8－4）[①]。农村兼职科普人员 2016—2019 年逐年减少，除了农村科普工作推进较慢，还有一部分原因可能是受到农村

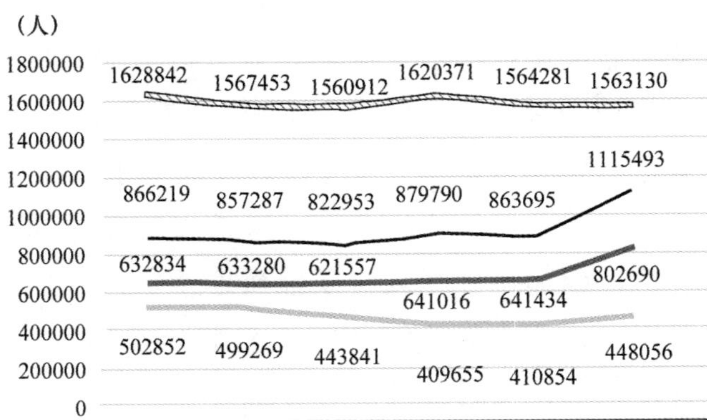

	2016年	2017年	2018年	2019年	2020年	2021年
科普专职人员	1628842	1567453	1560912	1620371	1564281	1563130
中级职称及以上或大学本科及以上学历人员	866219	857287	822953	879790	863695	1115493
女性科普人员	632834	633280	621557	641016	641434	802690
农村科普人员	502852	499269	443841	409655	410584	448056

图 8－4　2016—2021 年科普兼职人员数量

① 数据来源：科技部：《中国科普统计：2022 年版》，科学技术文献出版社 2023 年版。

人口流出问题的影响。由于科普兼职人员没有专职的限制，其中会有部分人员因自身发展需要逐渐前往城镇地区，导致农村兼职科普人员的流失。但在2020年以及2021年，农村科普人员的数量呈回升态势。此外，中级职称及以上或大学本科及以上学历人员和女性科普人员数量在2021年也均有较大增幅。

4. 高校院所

各类大专院校、科研院所作为高级专业人才聚集地，在推动科普工作方面有着得天独厚的优势，鼓励高素质知识分子积极参与科普工作一直是各大高校的重要着力点。例如，上海科技大学有8位教师被聘为上海市中小学“科普校园行”科学家，28位教师被聘为上海市青少年科学研究院兼职导师。除此之外，还有高校联合设立科普基地，举办“开放日”活动，让民众近距离接触科普。又如，中国科学院上海技术物理研究所红外物理国家重点实验室2019年度累计对外开放21次，来访对象包括中小学老师、学生、接受科普教育的师生，以及其他国内外相关来访、调研单位，来访人数超过500人次。一些科研院所承担起科普职能，联合当地新媒体平台，举办起各类科普讲座、科普大赛，制作相关科普公益动画、科普公益广告、科普视频等，利用自身科普资源结合新媒体的传播优势，将科学知识传播给大众。

（三）科普人员的区域分布

从区域分布上，科普队伍存在分布发展不均衡的问题，有的地方科普队伍呈现萎缩态势。

北京市科普人员数量在2019年达到最高值，之后逐年下降，2021年北京市科普人员数量甚至低于2016年，减少了

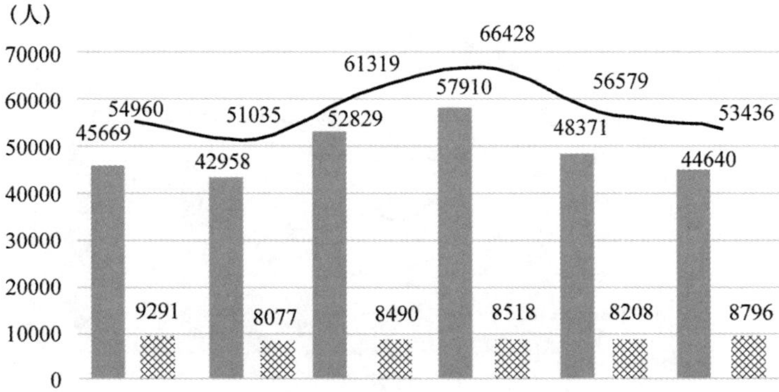

	2016年	2017年	2018年	2019年	2020年	2021年
科普兼职人员	45669	42958	52829	57910	48371	44640
科普专职人员	9291	8077	8490	8518	8208	8796
科普人员总数	54960	51035	61319	66428	56579	53436

图 8－5　2016—2021 年北京市科普人员数量

1524 人。但 2021 年北京市科普专职人员比 2020 年增加了 588 人（见图 8－5）①。

天津市科普人员由 2016 年的 34642 人大幅减少至 2017 年的 17173 人，降幅为 50.43%。此后的 4 年里逐年增长，2021 年科普人员数量已经超过了 2016 年，增幅为 8.18%（见图 8－6）②。

河北省 2017—2019 年科普人员数逐年增长，在 2020 年、2021 年逐年减少，2021 年科普人员数已经低于 2016 年，降幅达 5.07%（见图 8－7）③。

① 数据来源：科技部：《中国科普统计：2022 年版》，科学技术文献出版社 2023 年版。

② 数据来源：科技部：《中国科普统计：2022 年版》，科学技术文献出版社 2023 年版。

③ 数据来源：科技部：《中国科普统计：2022 年版》，科学技术文献出版社 2023 年版。

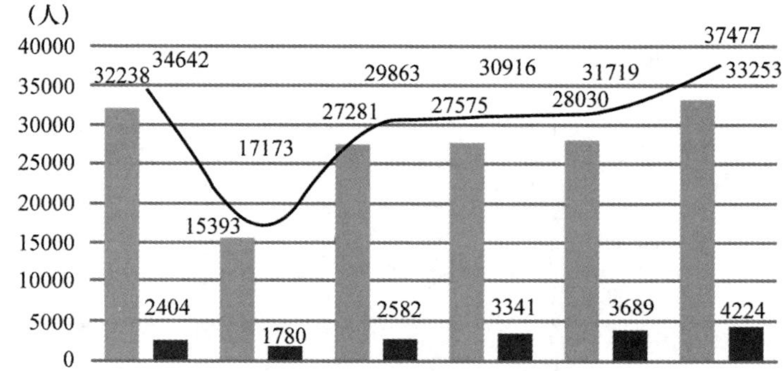

	2016年	2017年	2018年	2019年	2020年	2021年
科普兼职人员	32238	15393	27281	27575	28030	33253
科普专职人员	2404	1780	2582	3341	3689	4224
科普人员总数	34642	17173	29863	30916	31719	37477

图 8－6　2016—2021 年天津市科普人员数量

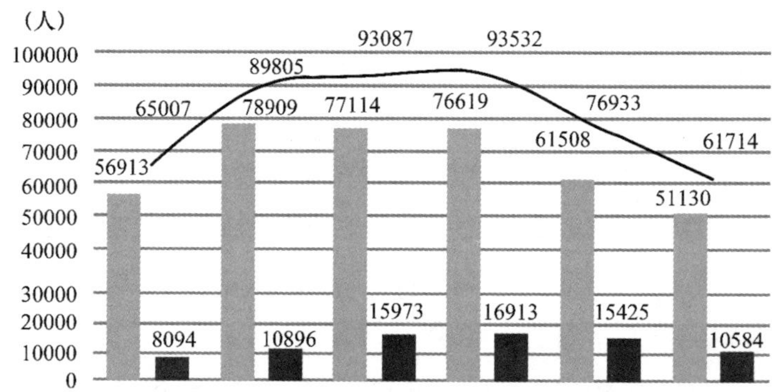

	2016年	2017年	2018年	2019年	2020年	2021年
科普兼职人员	56913	78909	77114	76619	61508	51130
科普专职人员	8094	10896	15973	16913	15425	10584
科普人员总数	65007	89805	93087	93532	76933	61714

图 8－7　2016—2021 年河北省科普人员数量

上海市科普人员数量较稳定，但总体有 10.47% 降幅（见图 8－8）①。

---

① 数据来源：科技部：《中国科普统计：2022 年版》，科学技术文献出版社 2023 年版。

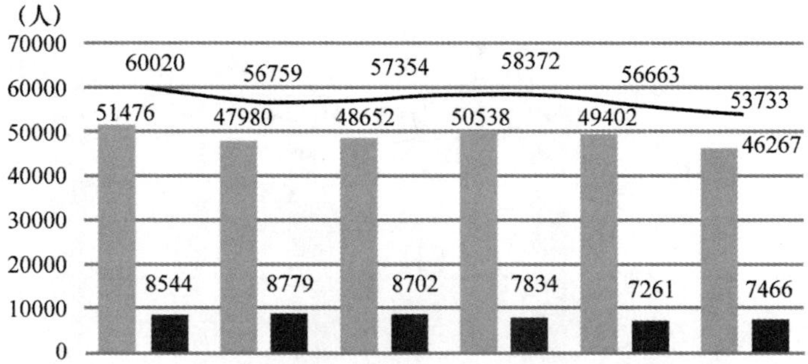

	2016年	2017年	2018年	2019年	2020年	2021年
科普兼职人员	51476	47980	48652	50538	49402	46267
科普专职人员	8544	8779	8702	7834	7261	7466
科普人员总数	60020	56759	57354	58372	56663	53733

图 8－8　2016—2021 年上海市科普人员数量

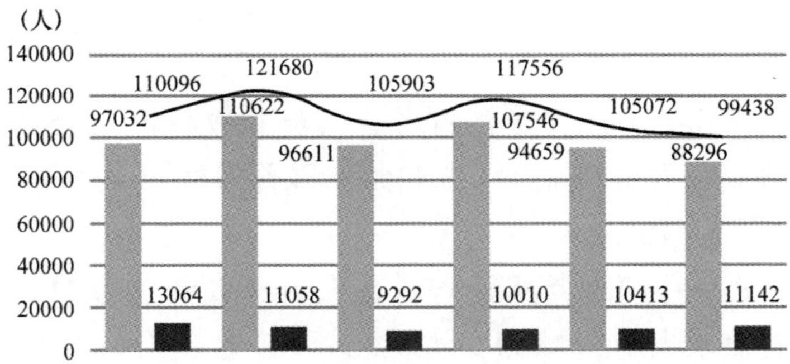

	2016年	2017年	2018年	2019年	2020年	2021年
科普兼职人员	97032	110622	96611	107546	94659	88296
科普专职人员	13064	11058	9292	10010	10413	11142
科普人员总数	110096	121680	105903	117556	105072	99438

图 8－9　2016—2021 年江苏省科普人员数量

江苏省科普人员数量在 2016—2020 年呈现出隔年增减的动态，但 2020 年、2021 年持续下降。相比 2016 年，2021 年有 9.68% 降幅，其中科普专职人员降幅为 14.71%（见图 8－9）①。

① 数据来源：科技部：《中国科普统计：2022 年版》，科学技术文献出版社 2023 年版。

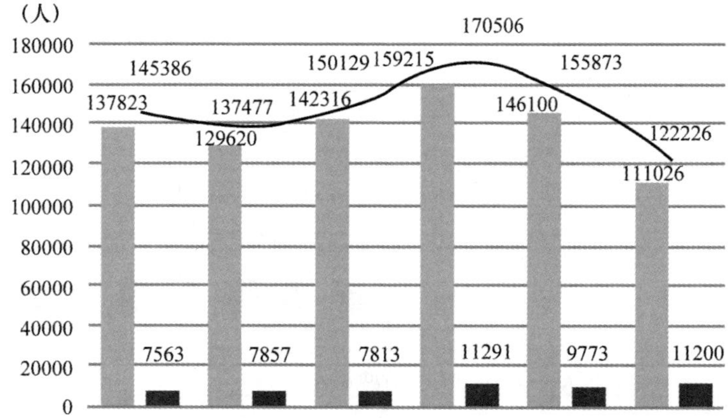

	2016年	2017年	2018年	2019年	2020年	2021年
科普兼职人员	137823	129620	142316	159215	146100	111026
科普专职人员	7563	7857	7813	11291	9773	11200
科普人员总数	145386	137477	150129	170506	155873	122226

图 8－10　2016—2021 年浙江省科普人员数量

2016—2021 年浙江省科普人员总数降幅为 15.93%，其中科普兼职人员降幅为 19.44%，科普专职人员增幅为 48.09%（见图 8－10）①。

2016—2021 年福建省科普人员总数降幅为 21.21%，其中科普兼职人员降幅为 24.25%，科普专职人员增幅为 28.82%（见图 8－11）②。

2016—2021 年山东省科普人员总数降幅为 6.56%，其中科普专职人员增幅为 22.14%（见图 8－12）③。

① 数据来源：科技部：《中国科普统计：2022 年版》，科学技术文献出版社 2023 年版。

② 数据来源：科技部：《中国科普统计：2022 年版》，科学技术文献出版社 2023 年版。

③ 数据来源：科技部：《中国科普统计：2022 年版》，科学技术文献出版社 2023 年版。

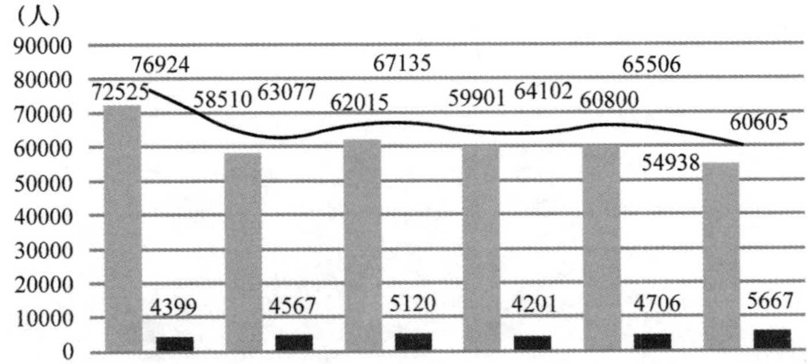

	2016年	2017年	2018年	2019年	2020年	2021年
科普兼职人员	72525	58510	62015	59901	60800	54938
科普专职人员	4399	4567	5120	4201	4706	5667
科普人员总数	76924	63077	67135	64102	65506	60605

图 8－11　2016—2021 年福建省科普人员数量

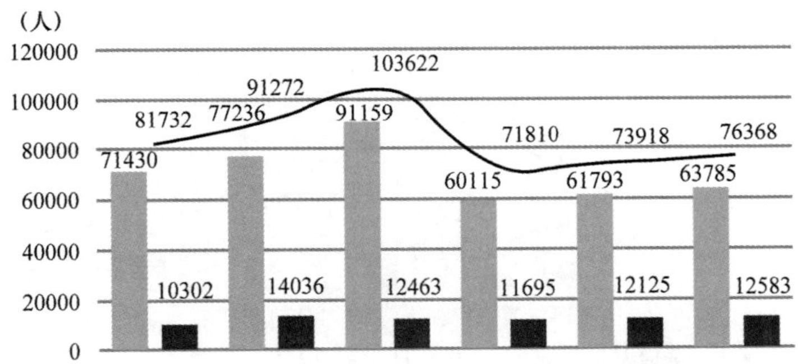

	2016年	2017年	2018年	2019年	2020年	2021年
科普兼职人员	71430	77236	91159	60115	61793	63785
科普专职人员	10302	14036	12463	11695	12125	12583
科普人员总数	81732	91272	103622	71810	73918	76368

图 8－12　2016—2021 年山东省科普人员数量

2016—2021 年广东省科普人员总数增幅为 56.72%，其中科普专职人员增幅为 35.46%（见图 8－13）①。

2016—2021 年海南省科普人员总数增幅为 27.99%，其中

① 数据来源：科技部：《中国科普统计：2022 年版》，科学技术文献出版社 2023 年版。

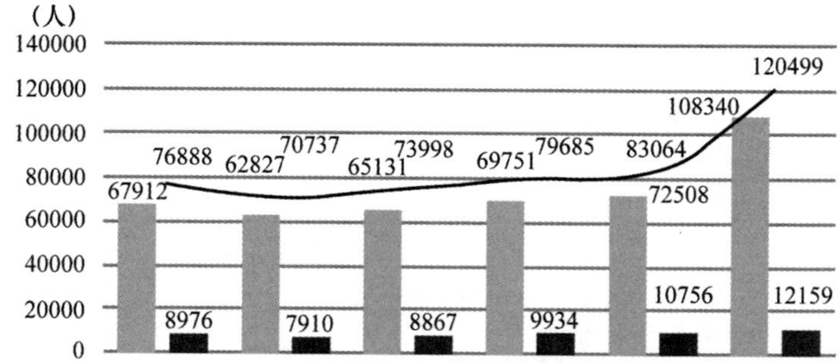

	2016年	2017年	2018年	2019年	2020年	2021年
科普兼职人员	67912	62827	65131	69751	72308	108340
科普专职人员	8976	7910	8867	9934	10756	12159
科普人员总数	76888	70737	73998	79685	83064	120499

图 8－13　2016—2021 年广东省科普人员数量

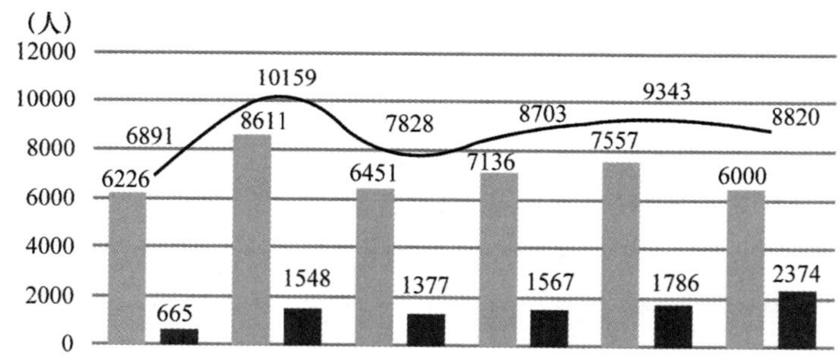

	2016年	2017年	2018年	2019年	2020年	2021年
科普兼职人员	6226	8611	6451	7136	7557	6446
科普专职人员	665	1548	1377	1567	1786	2374
科普人员总数	6891	10159	7828	8703	9343	8820

图 8－14　2016—2021 年海南省科普人员数量

科普专职人员增幅为 256.99%，增幅明显（见图 8－14）①。

2016—2021 年辽宁省科普人员总数降幅为 52.68%，其中科普兼职人员降幅为 57.62%，降幅明显（见图 8－15）②。

① 数据来源：科技部：《中国科普统计：2022 年版》，科学技术文献出版社 2023 年版。

② 数据来源：科技部：《中国科普统计：2022 年版》，科学技术文献出版社 2023 年版。

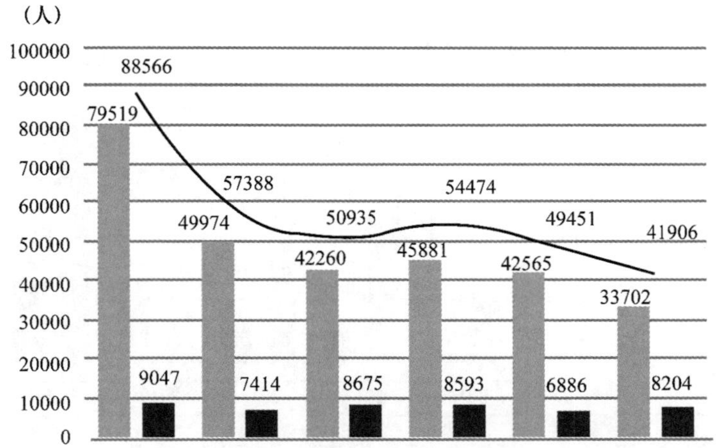

	2016年	2017年	2018年	2019年	2020年	2021年
科普兼职人员	79519	49974	42260	45881	42565	33702
科普专职人员	9047	7414	8675	8593	6886	8204
科普人员总数	88566	57388	50935	54474	49451	41906

图 8－15　2016—2021 年辽宁省科普人员数量

吉林省科普人才队伍建设突飞猛进，成果显著。虽然 2021 年科普兼职人员以及科普专职人员数量较上一年度均有下降，但总体上 2016—2021 年吉林省科普人员总数增幅为 231.76%，其中科普专职人员增幅为 694.77%，增幅最大（见图 8－16）①。

2016—2021 年黑龙江省科普人员数量呈现出隔年增减的波动态势，总体上降幅为 10.95%，其中科普专职人员增幅为 16.20%，而科普兼职人员降幅为 15.05%。数据显示，2016—2019 年黑龙江省科普人员数量都较为稳定，但 2020 年科普兼职人员大幅减少，2021 年开始回升（见图 8－17）②。

① 数据来源：科技部：《中国科普统计：2022 年版》，科学技术文献出版社 2023 年版。

② 数据来源：科技部：《中国科普统计：2022 年版》，科学技术文献出版社 2023 年版。

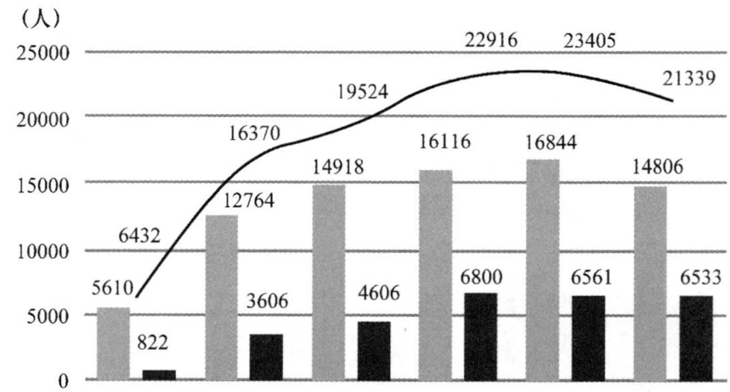

	2016年	2017年	2018年	2019年	2020年	2021年
科普兼职人员	5610	12764	14918	16116	16844	14806
科普专职人员	822	3606	4606	6800	6561	6533
科普人员总数	6432	16370	19524	22916	23405	21339

图 8－16　2016—2021 年吉林省科普人员数量

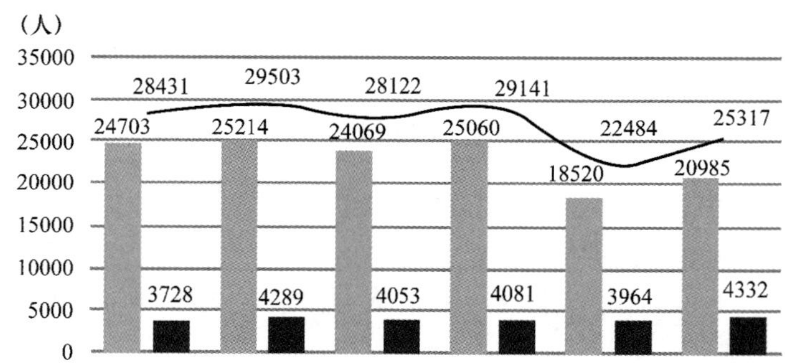

	2016年	2017年	2018年	2019年	2020年	2021年
科普兼职人员	24703	25214	24069	25060	18520	20985
科普专职人员	3728	4289	4053	4081	3964	4332
科普人员总数	28431	29503	28122	29141	22484	25317

图 8－17　2016—2021 年黑龙江省科普人员数量

山西省在 2017 年出现了科普人员骤减，随后几年逐渐增长，总体人员增幅为 8.48%（见图 8－18）①。

① 数据来源：科技部：《中国科普统计：2022 年版》，科学技术文献出版社 2023 年版。

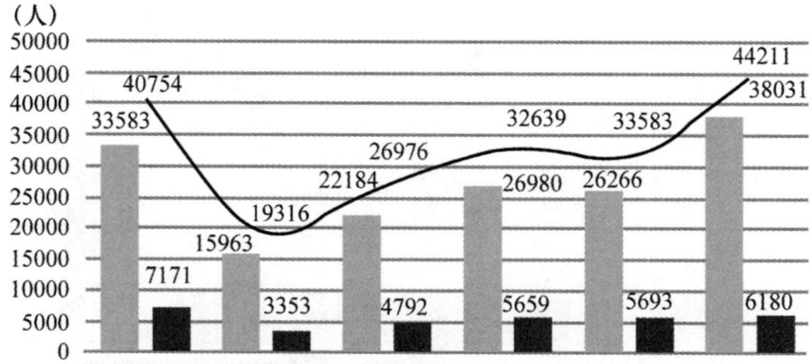

	2016年	2017年	2018年	2019年	2020年	2021年
科普兼职人员	33583	15963	22184	26980	26266	38031
科普专职人员	7171	3353	4792	5659	5693	6180
科普人员总数	40754	19316	26976	32639	31959	44211

图 8－18　2016—2021 年山西省科普人员数量

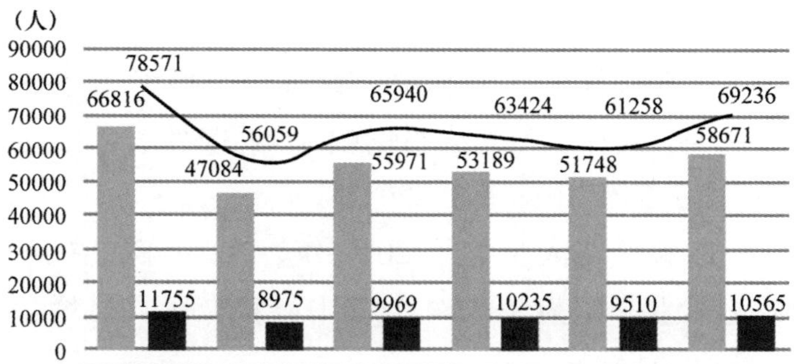

	2016年	2017年	2018年	2019年	2020年	2021年
科普兼职人员	66816	47084	55971	53189	51748	58671
科普专职人员	11755	8975	9969	10235	9510	10565
科普人员总数	78571	56059	65940	63424	61258	69236

图 8－19　2016—2021 年安徽省科普人员数量

安徽省 2017 年科普人员大幅减少，2018 年增长后继续逐年减少，2021 年再次增长，总体上人员降幅为 11.88%（见图 8－19）①。

① 数据来源：科技部：《中国科普统计：2022 年版》，科学技术文献出版社 2023 年版。

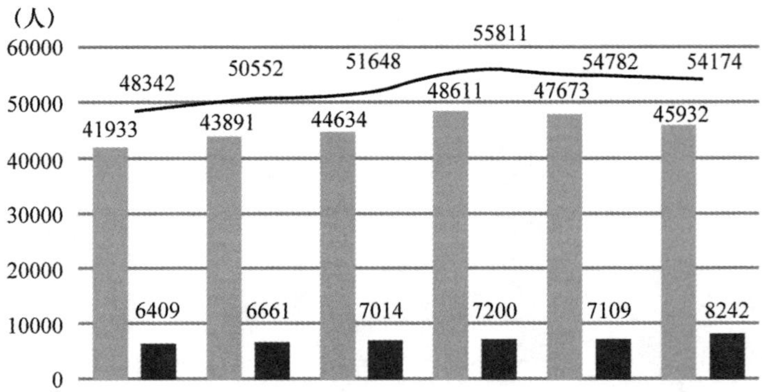

	2016年	2017年	2018年	2019年	2020年	2021年
科普兼职人员	41933	43891	44634	48611	47673	45932
科普专职人员	6409	6661	7014	7200	7109	8242
科普人员总数	48342	50552	51648	55811	54782	54174

图 8－20　2016—2021 年江西省科普人员数量

江西省科普人员在 2020 年之前持续增长，2020 年之后持续小幅减少，总体上科普人员增幅为 12.06%，其中科普专职人员增幅为 28.60%（见图 8－20）①。

河南省科普人员除了 2019 年、2021 年，在几年间均有减少，总体上降幅为 8.73%，其中科普专职人员增幅为 13.77%（见图 8－21）②。

湖北省科普人员总体上呈增长态势，总体人员增幅为 10.51%。2021 年科普专职人员较上一年降幅较大，为 25.94%（见图 8－22）③。

近年来，湖南省科普人员持续减少，总体上降幅为

① 数据来源：科技部：《中国科普统计：2022 年版》，科学技术文献出版社 2023 年版。

② 数据来源：科技部：《中国科普统计：2022 年版》，科学技术文献出版社 2023 年版。

③ 数据来源：科技部：《中国科普统计：2022 年版》，科学技术文献出版社 2023 年版。

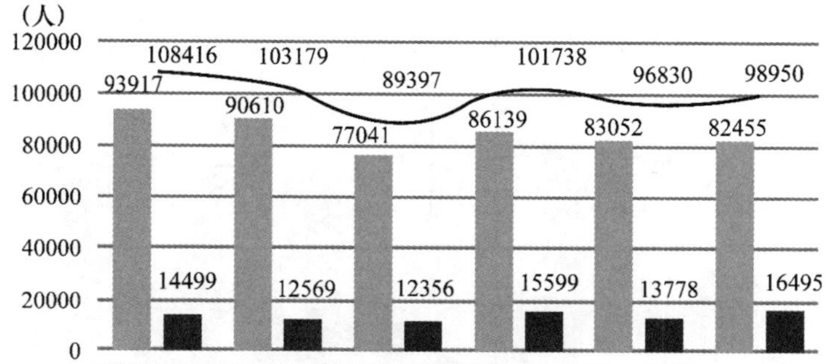

	2016年	2017年	2018年	2019年	2020年	2021年
科普兼职人员	93917	90610	77041	86139	83052	82455
科普专职人员	14499	12569	12356	15599	13778	16495
科普人员总数	108416	103179	89397	101738	96830	98950

图 8－21　2016—2021 年河南省科普人员数量

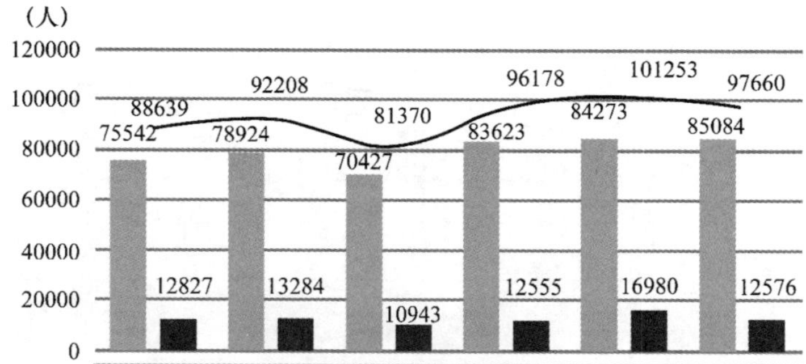

	2016年	2017年	2018年	2019年	2020年	2021年
科普兼职人员	75542	78924	70427	83623	84273	85084
科普专职人员	12827	13284	10943	12555	16980	12576
科普人员总数	88369	92208	81370	96178	101253	97660

图 8－22　2016—2021 年湖北省科普人员数量

30.56%，其中科普专职人员增幅为 6.65%（见图 8－23）[①]。

内蒙古自治区科普人员在 2018 年之前逐年增长，2019 年、2020 年变化较为平稳，2021 年大幅减少，总体上降幅为

① 数据来源：科技部：《中国科普统计：2022 年版》，科学技术文献出版社 2023 年版。

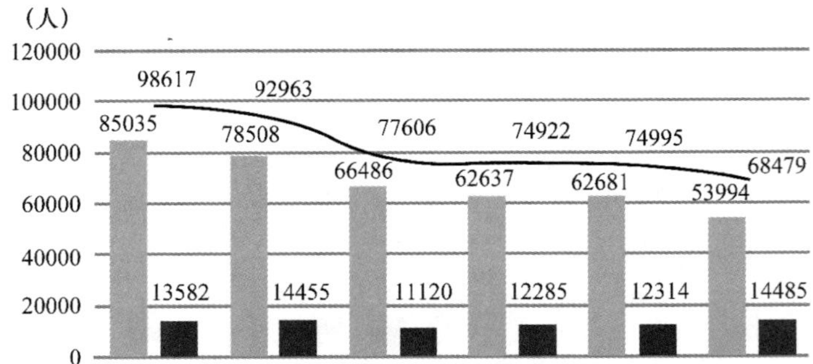

	2016年	2017年	2018年	2019年	2020年	2021年
科普兼职人员	85035	78508	66486	62637	62681	53994
科普专职人员	13582	14455	11120	12285	12314	14485
科普人员总数	98617	92963	77606	74922	74995	68479

图 8－23　2016—2021 年湖南省科普人员数量

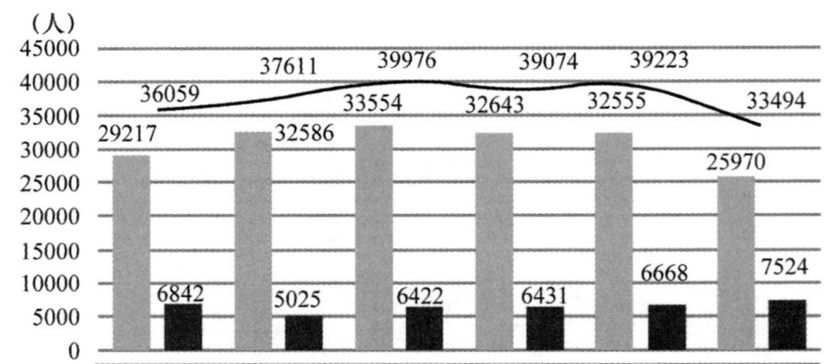

	2016年	2017年	2018年	2019年	2020年	2021年
科普兼职人员	29217	32586	33554	32643	32555	25970
科普专职人员	6842	5025	6422	6431	6668	7524
科普人员总数	36059	37611	39976	39074	39223	33494

图 8－24　2016—2021 年内蒙古自治区科普人员数量

7.11%，但科普专职人员增幅为 9.97%（见图 8－24）[①]。

广西壮族自治区科普人员总体上在 2018 年之后逐年增长，增幅为 22.44%。但科普专职人员自 2017 年达到顶峰后逐年减少，直

① 数据来源：科技部：《中国科普统计：2022 年版》，科学技术文献出版社 2023 年版。

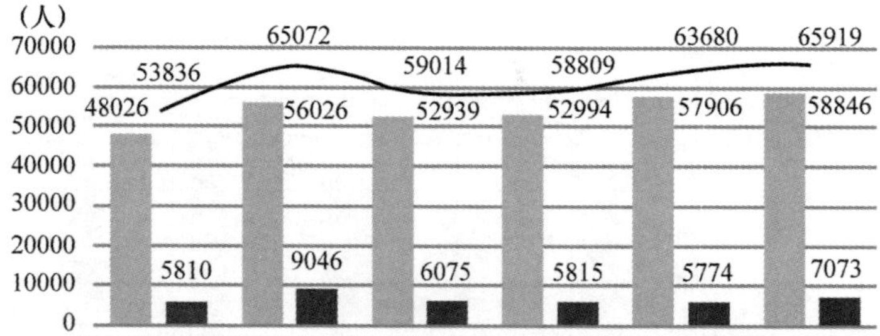

	2016年	2017年	2018年	2019年	2020年	2021年
科普兼职人员	48026	56026	52939	52994	57906	58846
科普专职人员	5810	9046	6075	5815	5774	7073
科普人员总数	53836	65072	59014	58809	63680	65919

图 8－25　2016—2021 年广西壮族自治区科普人员数量

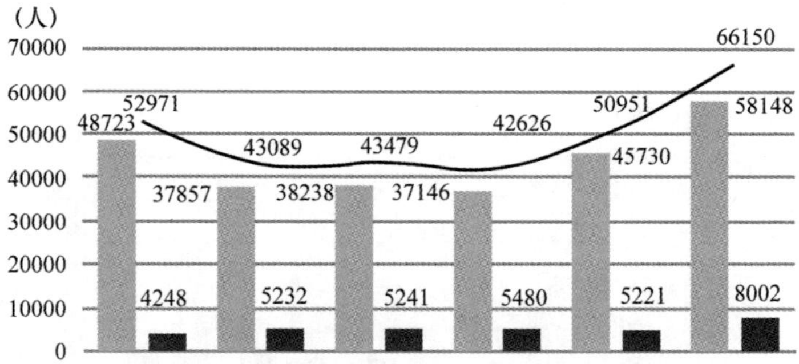

	2016年	2017年	2018年	2019年	2020年	2021年
科普兼职人员	48723	37857	38238	37146	45730	58148
科普专职人员	4248	5232	5241	5480	5221	8002
科普人员总数	52971	43089	43479	42626	50951	66150

图 8－26　2016—2021 年重庆市科普人员数量

到 2021 年开始增长，总体上增幅为 21.74%（见图 8－25）①。

重庆市科普人员总数增幅为 24.88%，其中科普专职人员增幅为 88.37%（见图 8－26）②。

---

① 数据来源：科技部：《中国科普统计：2022 年版》，科学技术文献出版社 2023 年版。

② 数据来源：科技部：《中国科普统计：2022 年版》，科学技术文献出版社 2023 年版。

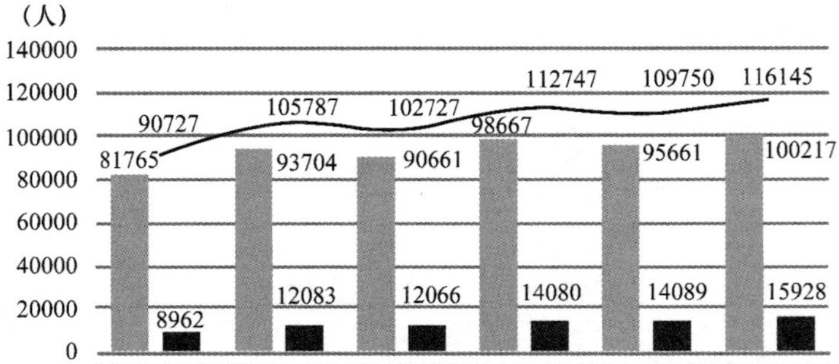

	2016年	2017年	2018年	2019年	2020年	2021年
科普兼职人员	81765	93704	90661	98667	95661	100217
科普专职人员	8962	12083	12066	14080	14089	15928
科普人员总数	90727	105787	102727	112747	109750	116145

图 8－27 2016—2021 年四川省科普人员数量

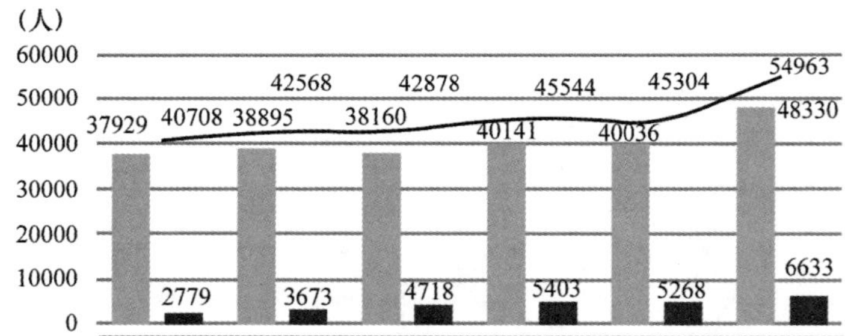

	2016年	2017年	2018年	2019年	2020年	2021年
科普兼职人员	37929	38895	38160	40141	40036	48330
科普专职人员	2779	3673	4718	5403	5268	6633
科普人员总数	40708	42568	42878	45544	45304	54963

图 8－28 2016—2021 年贵州省科普人员数量

四川省科普人员整体上逐渐增长，总体增幅为 28.02%，科普专职人员增幅为 77.73%（见图 8－27）①。

贵州省科普人员总数增幅为 35.02%，其中科普专职人员增幅显著，为 138.68%（见图 8－28）②。

① 数据来源：科技部：《中国科普统计：2022 年版》，科学技术文献出版社 2023 年版。

② 数据来源：科技部：《中国科普统计：2022 年版》，科学技术文献出版社 2023 年版。

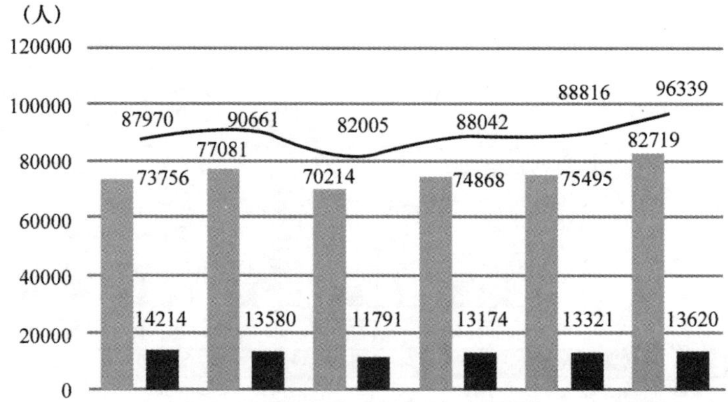

	2016年	2017年	2018年	2019年	2020年	2021年
科普兼职人员	73756	77081	70214	74868	75495	82719
科普专职人员	14214	13580	11791	13174	13321	13620
科普人员总数	87970	90661	82005	88042	88816	96339

图 8－29　2016—2021 年云南省科普人员数量

云南省科普人员总数增幅为 9.51%，但科普专职人员降幅为 4.18%（见图 8－29）①。

西藏自治区科普人员在 2018 年骤增，在之后的几年逐年减少，直到 2021 年才有所增长，但总体上人员增幅达 72.15%，其中科普专职人员在 2017 年骤减一次后又基本上逐年增长，增幅为 31.80%（见图 8－30）②。

陕西省科普人员总数降幅为 14.07%，其中科普专职人员增幅为 3.27%（见图 8－31）③。

甘肃省科普人员总数降幅为 27.98%，其中科普专职人员降

---

① 数据来源：科技部：《中国科普统计：2022 年版》，科学技术文献出版社 2023 年版。

② 数据来源：科技部：《中国科普统计：2022 年版》，科学技术文献出版社 2023 年版。

③ 数据来源：科技部：《中国科普统计：2022 年版》，科学技术文献出版社 2023 年版。

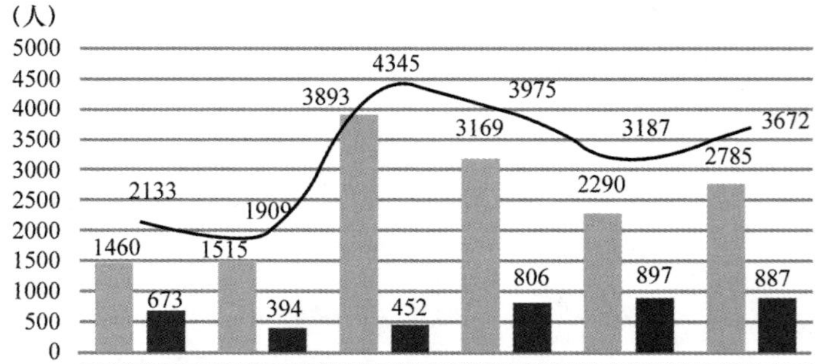

	2016年	2017年	2018年	2019年	2020年	2021年
科普兼职人员	1460	1515	3893	3169	2290	2785
科普专职人员	673	394	452	806	897	887
科普人员总数	2133	1909	4345	3975	3187	3672

图 8－30　2016—2021 年西藏自治区科普人员数量

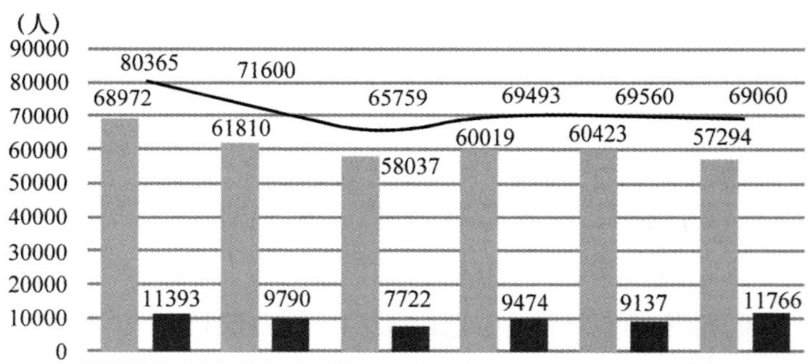

	2016年	2017年	2018年	2019年	2020年	2021年
科普兼职人员	68972	61810	58037	60019	60423	57294
科普专职人员	11393	9790	7722	9474	9137	11766
科普人员总数	80365	71600	65759	69493	69560	69060

图 8－31　2016—2021 年陕西省科普人员数量

幅为 9.87%（见图 8－32）①。

青海省科普人员 2016—2019 年逐年增长，但 2020 年大幅减少，2021 年又有所增长，总体增幅为 48.54%，其中科普专职人员增幅为 38.52%（见图 8－33）②。

---

① 数据来源：科技部：《中国科普统计：2022 年版》，科学技术文献出版社 2023 年版。

② 数据来源：科技部：《中国科普统计：2022 年版》，科学技术文献出版社 2023 年版。

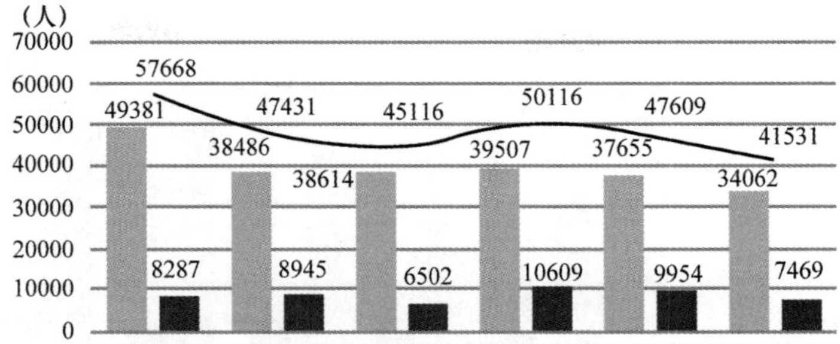

	2016年	2017年	2018年	2019年	2020年	2021年
科普兼职人员	49381	38486	38614	39507	37655	34062
科普专职人员	8287	8945	6502	10609	9954	7469
科普人员总数	57668	47431	45116	50116	47609	41531

图 8－32　2016—2021 年甘肃省科普人员数量

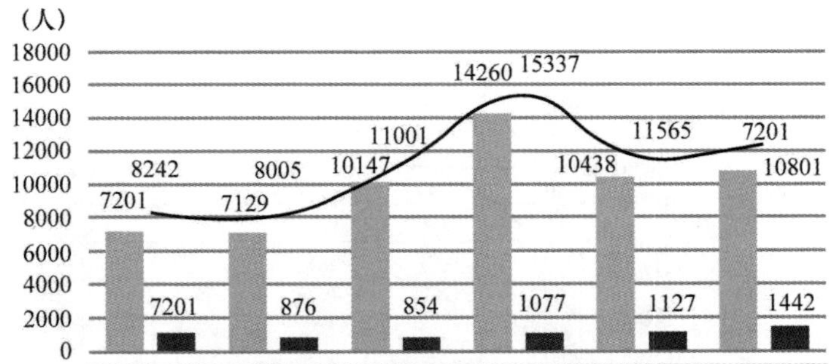

	2016年	2017年	2018年	2019年	2020年	2021年
科普兼职人员	7201	7129	10147	14260	10438	10801
科普专职人员	1041	876	854	1077	1127	1442
科普人员总数	8242	8005	11001	15337	11565	12243

图 8－33　2016—2021 年青海省科普人员数量

宁夏回族自治区科普人员总数增幅为 9.88%，科普专职人员增幅为 72.83%（见图 8－34）①。

新疆维吾尔自治区科普人员总数增幅为 27.83%，科普专职人员增幅为 63.18%（见图 8－35）②。

① 数据来源：科技部：《中国科普统计：2022 年版》，科学技术文献出版社 2023 年版。

② 数据来源：科技部：《中国科普统计：2022 年版》，科学技术文献出版社 2023 年版。

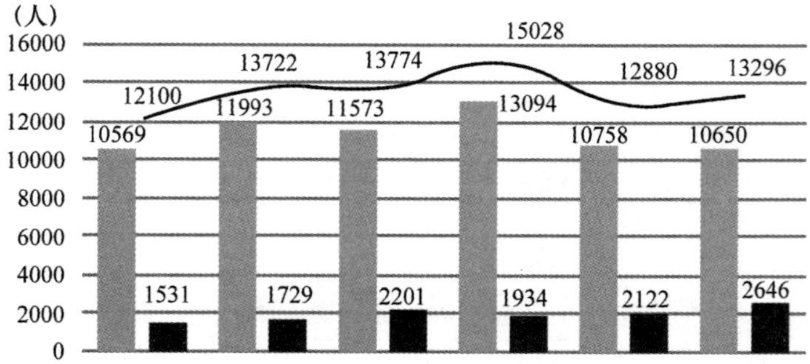

	2016年	2017年	2018年	2019年	2020年	2021年
科普兼职人员	10569	11993	11573	13094	10758	10650
科普专职人员	1531	1729	2201	1934	2122	2646
科普人员总数	12100	13722	13774	15028	12880	13296

图 8－34　2016—2021 年宁夏回族自治区科普人员数量

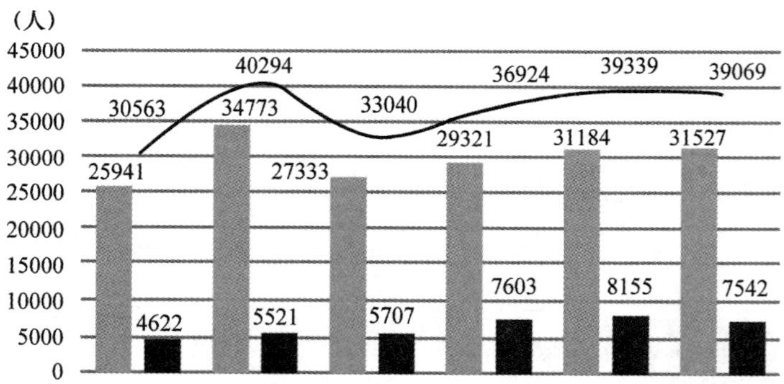

	2016年	2017年	2018年	2019年	2020年	2021年
科普兼职人员	25941	34773	27333	29321	31184	31527
科普专职人员	4622	5521	5707	7603	8155	7542
科普人员总数	30563	40294	33040	36924	39339	39069

图 8－35　2016—2021 年新疆维吾尔自治区科普人员数量

总体上，我国科普人员的区域分布差异较为明显，人数规模由大到小依次为东部地区、西部地区、中部地区，由各地区包括的省份数量不同所决定。其中，东部地区因区域发展良好，科普人员数量变化不大，但在 2020 年出现了 2016 年来的人员规模最低点；西部地区在国家政策扶持下区域发展持续进步，

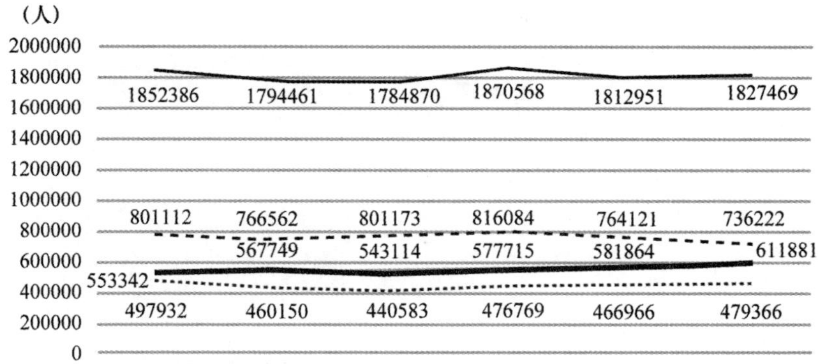

	2016年	2017年	2018年	2019年	2020年	2021年
—— 全国	1852386	1794461	1784870	1870568	1812951	1827469
- - - 东部	801112	766562	801173	816084	764121	736222
······ 中部	497932	460150	440583	476769	466966	479366
▬▬ 西部	553342	567749	543114	577715	581864	611881

图 8－36　2016—2021 年全国各地区科普人员数量

进而带动科普工作队伍规模逐年壮大；中部地区发展稳定，但是与西部地区的差距愈发明显（见图 8－36）①。

统计调查数据显示，在科普专职人员方面，2016—2021 年我国东部、中部、西部地区总体上均呈现增长趋势，其中东部地区增幅为 14.63%，中部地区增幅为 12.17%，西部地区增幅为 28.59%（见图 8－37）②。近年来我国大力发展科学普及教育，而西部地区得到国家针对性的政策帮扶，在科普教育工作上的进步非常显著。西部地区通过不断优化科普教育，培养更多专业科技人员，积极推进科普人才工作队伍建设工作，从而形成“科普教育—培养专业科技人员—科普教育”的良性循环，营造出良好的科普工作环境，有助于进一步开展科普事业建设。

在科普兼职人员方面，各个地区的人员增减情况各不相同。

---

① 数据来源：科技部：《中国科普统计：2022 年版》，科学技术文献出版社 2023 年版。

② 数据来源：科技部：《中国科普统计：2022 年版》，科学技术文献出版社 2023 年版。

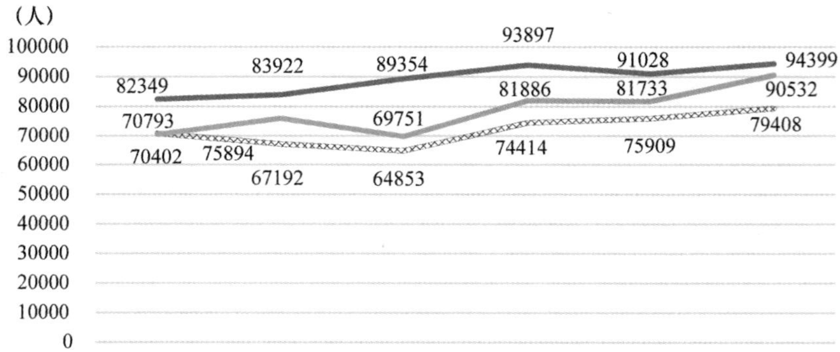

	2016年	2017年	2018年	2019年	2020年	2021年
东部	82349	83922	89354	93897	91028	94399
中部	70793	67192	64853	74414	75909	79408
西部	70402	75894	69751	81886	81733	90532

图 8－37　2016—2021 年全国各地区科普专职人员数量

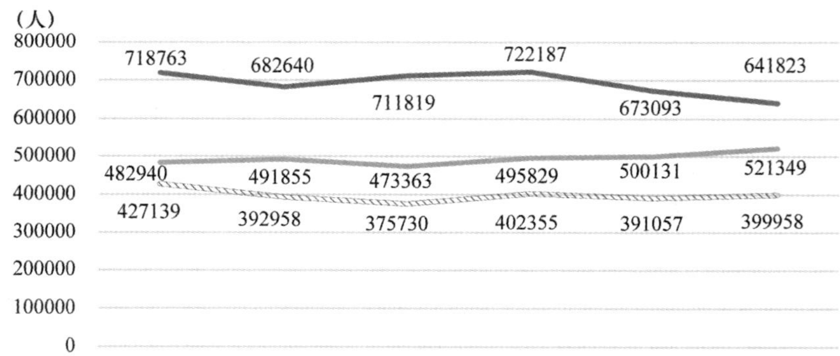

	2016年	2017年	2018年	2019年	2020年	2021年
东部	718763	682640	711819	722187	673093	641823
中部	427139	392958	375730	402355	391057	399958
西部	482940	491855	473363	495829	500131	521349

图 8－38　2016—2021 年全国各地区科普兼职人员数量

与 2016 年相比，2021 年东部地区科普兼职人员减少 10.7%，中部地区减少 6.36%，西部地区增加 7.95%（见图 8－38）。①

① 数据来源：科技部：《中国科普统计：2022 年版》，科学技术文献出版社 2023 年版。

总体而言，在区域发展的影响下，东部地区在北京市、上海市、江苏省等省市的示范引领下，科普事业发展稳步前进，科普人才建设情况领先。中部地区由于只包括山西、安徽、江西、河南、湖北和湖南六个省份，因此人员规模小于其他两地区属于客观事实。但根据数据可知其科普人才队伍建设现状并不可观，仍需继续发展科普事业，在各个领域内全方位地开展科普教育，尤其是高校、科研院所等机构，积极吸收、鼓励专业科技人才从事科普事业。西部地区在区域自身发展的带动下，科普事业也在持续发展。除去区域经济的限制，科技人才也是西部地区需要继续攻克的问题，该地区部分省市近年来一直存在人才流失的情况。为了科普工作的可持续发展，需要重视地区间各个地方科普人才力量的建设情况，以保障整体人才队伍建设健康可持续发展。

（四）科普人员的学历分布

我国科普人员中具有中级职称及以上或大学本科及以上学历的人员总数量在五年间未出现大幅度增减，2021 年的总人员数相比于 2016 年增加了 115903 人，增幅为 11.59%。而其中具有中级职称及以上或大学本科及以上学历的科普专职人员增加了 37210 人，增幅 27.89%；具有中级职称及以上或大学本科及以上学历的科普兼职人员增加了 78693 人，增幅为 9.08%（见图 8－39）。由此可见，科普专职队伍的受教育程度越来越高，越来越多的人在掌握了深厚科技知识后投入了科普工作，科普队伍建设与科技人才教育产生正向互动。也应注意到，由于国民科学素养提高等原因，部分科普人员尤其是科普兼职人员可能会因为在科普工作中没有收获期望的成果，不再从事科普工作。

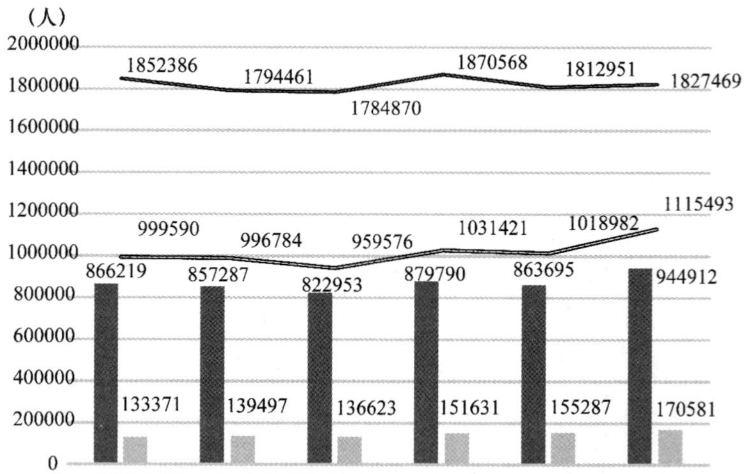

	2016年	2017年	2018年	2019年	2020年	2021年
科普兼职人员	866219	857287	822953	879790	863695	944912
科普专职人员	133371	139497	136623	151631	155287	170581
兼职、专职人员总数	999590	996784	959576	1031421	1018982	1115493
科普人员总数	1852386	1794461	1784870	1870568	1812951	1827469

图 8－39　2016—2021 年我国中级职称及以上或大学本科及以上学历人员①

科普队伍中具有中级职称及以上或大学本科及以上学历的人员有所增加，但增长趋势不明显。因此在之后的科普人才队伍建设中，应当注意加大力度吸收高水平科技教育人才，并在现有工作队伍中鼓励科普工作者获取更高等级职称或更高学历。

（五）科普兼职人员工作量

科普统计调查数据显示，中国科普兼职人员的实际投入工作量，呈现逐年下降的趋势（见图 8－40）。随着科普兼职人员数量的小幅减少，其实际投入工作量下降也反映出我国在推进科普人才队伍建设过程中，逐渐提高了对科普人员的工作要求，

① 数据来源：科技部：《中国科普统计：2022 年版》，科学技术文献出版社 2023 年版。

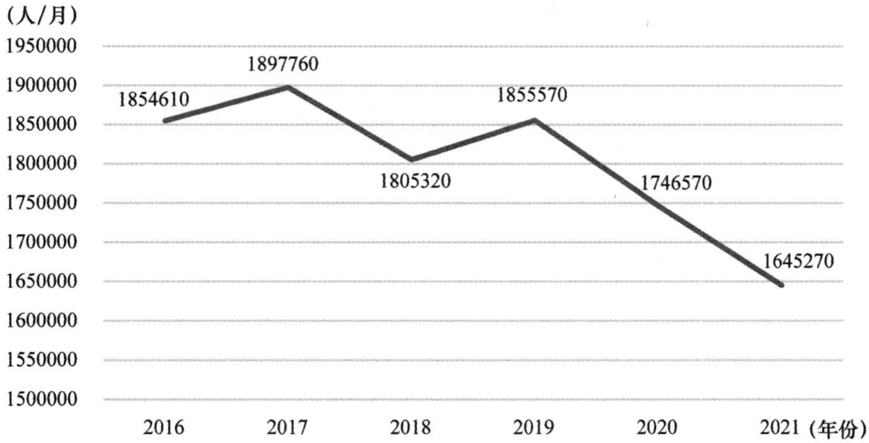

图 8－40　2016—2021 年科普兼职人员年度实际投入工作量①

越来越重视科普工作的专业性。特别是一些面向重点人群的科普教育，因其受众的特殊性，需要保证在科普工作中所普及的科学知识具有即时性、准确性和针对性。因此需要科普人员具备较高的科学素养，并有充裕的时间来对相关理论及实践进行事前准备。在开展社会层面的科普教育工作时，往往会有部分工作只能由科普专职人员来进行，在不断推进科普工作发展的过程中，科普兼职人员的需求将可能有所减少。

① 数据来源：科技部：《中国科普统计：2022 年版》，科学技术文献出版社 2023 年版。

第二部分
《科普法》实施的问题与缺失

九　法律实施仍存在的突出问题

总体上，我国科普事业在党和国家的高度重视下，取得较大成就。但由于底子薄、规模小、效率不高等原因，还存在一些突出问题，如科普内容与公众需求存在偏差，科普传播力、影响力、公信力有待增强，无论是队伍建设、基础设施建设，还是经费投入、活动次数、服务群众人次等方面，不同地区、领域之间，既有总量不足的问题，也有失衡失调的问题，与党中央的定位要求以及人民群众对美好生活的向往还存在一定差距。具体表现在以下方面。

（一）科普政策文件层面

总体上，中央各部门、各地方出台科普政策规划的发文数量较为可观，参与科普事业的主体较多，对科普工作发展较为重视，《科普法》大多数规定在中央各部门、各地方的政策中得到体现。中央各部门、各地方科普政策涉及领域较广，同时注重多种政策工具的使用，取得一定成效。许多地方和部门根据自身特点、职能定位，在科普政策的制定中积极探索创新。总体而言，我国已初步形成了包括国家、部门、地方三个层级的科普政策体系。但也应注意，科普政策规划制定方面还普遍存在以下问题。

首先，当前科普政策规划中，对于《科普法》部分内容细化不足。如在科普激励促进方面，还未有针对此领域的专项整体指导规划方案，导致在实际工作中，该项工作的实施与否主要取决于部门与地方的主观能动性，开展有关科普激励评价工作需要政策规划的进一步配套跟进。在科普经费的安排问题上，2012 年颁行的《基层科普行动计划专项资金管理办法》现已失效，当前部门和地方缺少科普经费处置的统筹政策规划，导致科普经费收紧、激励措施有限、创新难度加大等诸多问题，科普经费应尽快得到政策保障。

其次，部分单位对科普政策规划制定的重视程度仍待加强，存在条文重复度高、照搬上级等形式主义。例如，在某市的《全民科学素质行动规划纲要实施方案（2021—2025）》中，除了个别数据因为行政区划的体量情况有所差异，其余内容与其上级部门的同类文件严重雷同。不少地方条例或办法在《科普法》基础构架上仅作简单补充，地区间重复度过高。

再次，在政策发布主体上，多部门联合发文有待加强。从联合发文的各类主体数量占比变化来看，中央部门和人民团体发布科普政策的总数量基本稳定，2012 年 9 月 15 日至 2022 年 12 月 31 日期间数量为 338 件，比 2002 年 6 月 21 日至 2012 年 9 月 14 日少 31 件。参与科普政策发布主体为 2 家的占比提高了约 20%，增幅较为显著；而含有 3 家及以上发布主体在每一区间内的分布占比均较低，且呈现走低趋势。

从次，科普政策指导性强，但规范性、强制性弱，约束力不足。以指导性较强的“通知”“意见”为形式发布的政策规划超过六成。规范性较强的“办法”“决定”占比之和不到一成。显然，“通知”“意见”占比高，“决定”“方案”“办法”的占比程度相对较低。这表明，当前科普政策规划虽然针对特定主题工作制定了相关规定，但总体上是在指导层面上对科普工作给予指示性意见建议，未建立严格的约束作用机制，其政策强制性也处于较低水平，易导致政策实施的效果难以得到充分保障。

最后，规划作用领域与着力点关注度不均衡，尤其是对科普经费的重视程度亟待提升。当前中央部门与地方在科普政策规划的制订上对科普经费着墨不多，与人员、场地、传媒、活动等其他领域相比占比最小，且与最高项比率差距较大。

（二）科普管理体制层面

科普管理体制是影响科普事业发展的重要因素。科普相关职责的配置，影响到国家对科普工作的领导力和效能发挥。目前各级政府、行业主管部门对科普工作的职责和定位不够清晰，认识存在一定偏差。虽然各级政府、各个部门均在从事与科普相关的工作，但职责意识并不强烈。对于特定领域，如应急、卫生、健康、水利等方面，科技主管部门统筹能力有限。很多科普工作的开展还需要依托相关业务部门直属单位来做支撑，有些领域依托行业协会实施科普活动。

科普管理较为薄弱。比如，黑龙江省科技厅主要是科技人才与科学普及处承担科普工作，具体负责科普工作的不过一二人，此种现象并非个别。与此同时，科技行政管理越到基层，往往力量越弱。在省级，科技行政管理部门尚有保障，而到县级，科技管理往往由其他部门兼管，科普管理缺乏专门机构和岗位，也没有专项科普经费，对科普领域的领导、激励和引导、监管较为缺失、乏力。

管理联动协调体制机制不畅。科技部门牵头功能未能充分发挥。一些地方的科普工作联席会议由当地科协主导，召开并部署相关工作时，或形同虚设，或对相关部门的协调能力不够，主要限于科协系统内部的工作推进，功能未能充分发挥；有的地方甚至由科协牵头，导致协调联动乏力，成为科协系统内部之事务。

科普设施、科普资源分散化、碎片化，共建共享机制尚未形成。比如，不同类型的科技馆、科技类博物馆分别归属科技行政管理、卫生健康、气象、地震、应急管理等部门主管。气象、卫健等部门主管的科技馆多为小型馆。相互之间缺乏必要统筹，既有重复建设导致浪费、使用效率不高的问题，也有覆盖面不够的问题，且未能形成品牌效应和平台效应。

科普工作、科普活动评价体系缺失。高校科研院所作为现代社会创造知识、传播知识的主阵地，在科普中有着无与伦比的优势。但是，科研从业人员的科普类文章、著作未纳入评价体系之内。科研工作者为科普事业投入精力，不但未能得到应有激励，甚至被视为“不务正业”，严重损害到其科普积极性。

监管规制缺失。科普的执法监管，总体上处于起步阶段。对于新闻媒体、网络平台、企业、博主“大 V”等科普义务主体和相关主体，在如何加强执法推进其依法科普方面，尚缺少必要监管规制。

（三）激励促进措施层面

目前我国科普激励促进措施仍存在一些缺失与面临障碍，突出表现在以下方面。

1. 知晓度低

科普激励促进机制的政策出台之后，要被大众所熟知并执行到位，其中存在许多障碍。新闻媒体仍然是公众获取各类科技信息的重要渠道，而媒体对科普激励促进机制政策的宣传缺乏足够重视，宣传意识也有待提高，公众知晓程度不高。

2. 执行力弱

激励措施往往较为笼统、偏软。科技行政管理部门单打独斗难以出台，出台政策也难以落地。税收、购买服务等激励措施需要财税等部门的认同和支持，这是目前比较欠缺的。一些重大科普激励促进机制政策法规缺乏实施细则或具体实施办法，导致科普激励促进机制缺乏操作性，执行不到位。比如，黑龙江等地已出台科普示范基地的管理办法，但享受到优惠政策的基地并不多。

3. 激励失灵

科普激励促进机制的问题在于摆脱“激励失灵陷阱”：外部激励（制度层面）和内部激励（荣誉感与满足感）都无法起到有效的激励作用。科普队伍难以发展壮大的一个重要瓶颈就是科普工作者评价和激励机制不健全。

在职称评审环节，长期把论文篇数和SCI（科学引文索引）收录论文数等相关指标作为前置条件和评审的直接依据，而科普作品却很少能作为成果参加评审。这就导致，在当前环境下，从事科普工作存在既得不到来自体制内（科技共同体）的承认和认可，又很难得到来自市场的、经济层面的回报。两者共同导致个人很难从科普事业中获得满足感和荣誉感。此外，在当下的科技评价体系中，从事科普活动所获得的收益远不及从事科研项目的收益；同时，因为科普活动的认可度不够高，从事科普活动还可能遭到同行的轻视。这样的大环境导致科普活动从事者获得的物质利益与精神满足都无法得到公平的对待。因此，出于理性，许多从业者撤出这个领域。故虽然政府制定出台了一些激励促进措施，但尚未起到有力的促进作用。

（四）科普吸引力不足，社会满意度不高

科普形式较为单一。虽然对于青少年和中小学生而言，科普形式还算相对丰富，既可以阅读科普相关材料，也可以参观科技体验馆，还可以观看科普动画片，但吸引力不够。对身处

乡村地区的农民而言，其科普形式更为单调。在农村地区，没有科普场馆，也没有动画公司愿意为农民制作科普动画片。日常科普仍然停留在发放传单、摆放宣传板、播放电子显示屏的方式，宣教手段较为单一，宣传内容较为简单，内容缺乏特色和创新，未能有效发挥好科普的宣传教育工作，导致其对科普的理解和认识仍然较为粗浅。

科普供给与需求不够匹配。科普工作人员不了解对象的需求和特点，科普“答非所问”“用非所教”。以农民科普为例，不少科普人员与农民的直接接触较少，科普团队组织松散，随意性较大，经常任意推送科普知识，不能满足农民的需求，导致农民的参与热情不够高。

科普活动的满意度不高。比如，科普图书和期刊出版种数虽然呈现倍数增长，但销量和影响力不尽如人意。科普本质上是科技类服务活动中的一种。而在服务活动中，服务质量对于衡量一项服务是否能够满足服务对象需求具有重要价值。一场科普活动举办得成功与否，很大程度上取决于科普活动质量的高低、科普对象是否满意。但事实上，无论是农民、学生，还是其他群体，都反映科普内容有时存在远离生活实际、与自身关系不大的问题，科普工作的满意度不够高。

（五）科普战略引领作用尚未充分发挥

科普与新时代发展战略、定位、要求不相适应、不相匹配的问题，日渐凸显；在服务国家发展战略和重大科技项目方面，还有较大提升空间；科普渗透度不足，覆盖面、影响力较为有限。传统科普的对象更多倾向于儿童、未成年人，内容较为简单，科普与生产、科研的结合深度不够，尚未能成为产业升级、制造强国的重要驱动力。

（六）经费投入层面

近年来，在全国科普经费总筹集额呈总体上升的趋势下，科普经费的投入主体、投入地区、经费用途等方面仍显示出一些问题，如科普经费投入主体单一，科普经费投入地区差异较大，经费用途不合理等问题。

1. 投入主体单一，社会投入不足

科普经费是科普工作持续发展的根本保障。从科普工作的公益性特点出发，因此，我国科普经费主要来源为政府财政投入。

2021 年我国以公共财政为主，持续向科普工作提供经费支持，为抗击新冠疫情和全面建成小康社会提供了有力保障。根据科技部发布的统计数据，2021 年全国科普工作经费筹集规模为 189.07 亿元，比 2020 年增长 10.10%，为实现“十四五”时期科普工作良好开局提供了有力支撑。其中，各级政府部门拨款 150.29 亿元，占当年全部经费筹集额的 79.49%，相比 2020 年略有减少，公共财政依然是我国科普经费投入的主要来源。自筹资金仅次于政府拨款，达 37.17 亿元，占总筹集额的 19.66%（图 9－1）。

由历年的科普经费投入可知，科普经费投入以政府财政拨款为主，同时还来自自筹资金、其他收入和捐赠来源，总体上科普经费筹集总额依赖于政府拨款。2017 年政府财政拨款额 122.96 亿元，占总筹集额的 76.82%；2018 年政府财政拨款额 126.02 亿元，占总筹集额的 78.20%；2019 年政府财政拨款额 147.71 亿元，占总筹集额的 79.63%；2020 年政府财政拨款额 138.39 亿元，占总筹集额的 80.59%；2021 年政府财政拨款额 150.29 亿元，占当年全部经费筹集额的 79.49%。从科普经费

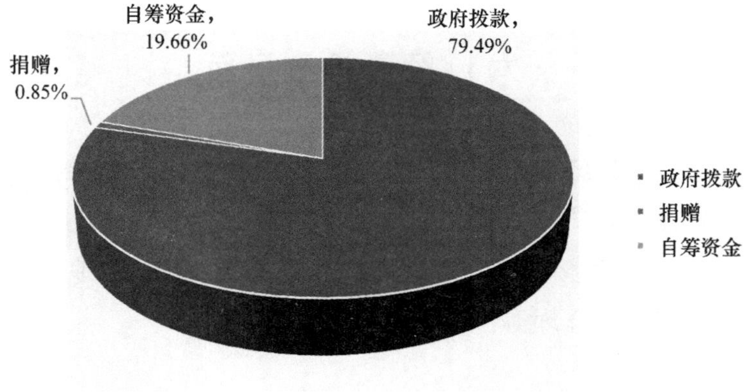

图 9－1 2021 年科普经费筹集额的构成

不同构成的年度变化看（见表9－1），与 2020 年相比，经费来源中政府财政拨款、捐赠、自筹资金均有不同程度的增长。受不可控因素影响，捐赠额波动最大，同比增长 161.61%，为 1.62 亿元，占总筹集额的比例仍较低。

表 9－1 2017—2021 年科普经费筹集额构成的变化（单位：亿元）

经费筹集构成	科普经费筹集额				
	2017 年	2018 年	2019 年	2020 年	2021 年
政府财政拨款	122.96	126.02	147.71	138.39	150.29
捐赠	1.87	0.73	0.81	0.62	1.62
自筹资金	35.19	34.47	37.00	32.71	37.17

2. 科普经费投入不均衡，地区差异较大

统计数据分析显示，各地科普经费筹措主要由政府主导，社会力量参与，同时呈现出科普经费资源的地区不平衡性等特征。

（1）年度科普经费筹集额情况

2021 年度，各个地方科普经费投入表现出严重不均衡（见图 9－2）。北京、上海、广东、浙江和山东 5 个省级行政区的规模较大，科普经费筹集额之和高达 72.55 亿元，占全国总数的 38.37%，所占比例较 2020 年略有降低。北京市在全国范围内

处于领先位置，达到22.80亿元。科普经费筹集额较少的5个省级行政区为西藏、青海、内蒙古、宁夏和黑龙江，合计为7.46亿元，仅占全国科普经费筹集总额的3.95%，比例略高于2020年。可见部分省市特别是西部欠发达地区的科普经费投入仍需进一步加强。

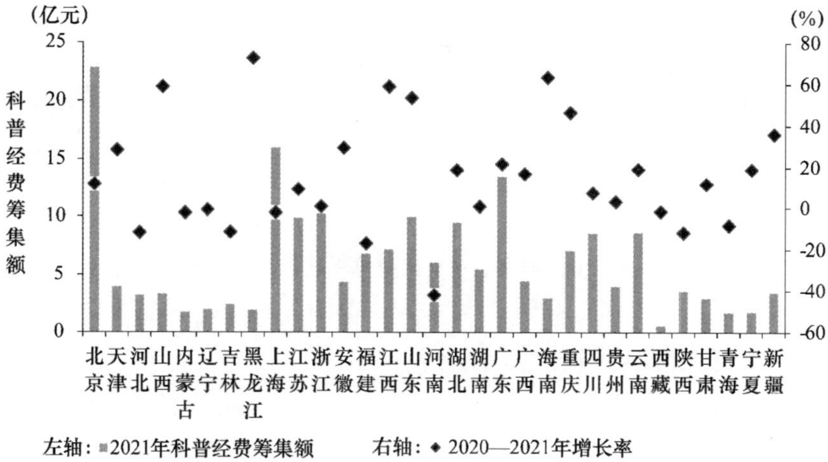

图9－2　2021年各省科普经费筹集额及增长率

（2）年度科普经费筹集额GDP占比情况

2021年，全社会科普经费筹集额为189.07亿元，占全国GDP的比例为1.65‱，低于2020年的1.69‱。就各省级行政单位科普经费筹集额占该省级行政单位GDP的比例来看，有16个省级行政单位高于全国水平，与2020年相比减少2个。北京市的比例达到5.66‱，仅次于青海的5.95‱。青海、宁夏、云南、甘肃、西藏等省级行政单位虽然属于西部经济相对欠发达地区，但从科普经费筹集额占GDP的比例看，却高于一些经济发达地区（见图9－3）①。

① 数据来源：科技部：《中国科普统计：2022年版》，科学技术文献出版社2023年版。

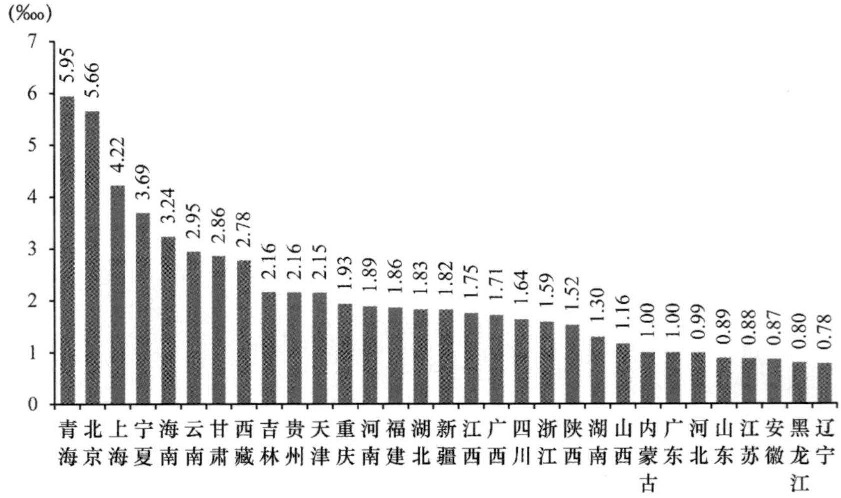

图 9－3　2021 年各省科普经费筹集额占 GDP 的比例

（3）三级人均科普专项经费

科普专项经费是国家各级政府部门委托的、指定用于特定项目科普活动的经费。三级科普经费是指除中央部门级，涵盖省级、地市级和县级的科普经费。这一指标能更准确地反映地方科普经费的投入状况。2021 年，全国三级科普专项经费共计 61.85 亿元。各省级行政单位的三级人均科普专项经费差异较大，10 元及以上的省级行政单位有 4 个，与 2020 年持平，北京市和上海市的三级人均科普专项经费分别以 18.85 元和 17.63 元继续领先；三级人均科普专项经费处于 5—10 元的省级行政单位有 7 个，比 2020 年增加 2 个；3—5 元的省级行政单位有 12 个，比 2020 年增加 1 个；8 个省级行政单位处于 1—3 元；无三级人均科普专项经费不足 1 元的省级行政单位。尽管直辖市人均三级科普专项较高，但全国超过半数省级行政单位（64.52%）仍然介于 1—5 元，这一比例低于 2020 年的表现。总体来看，2021 年我国大多数省级行政单位的人均科普专项经费投入水平有所增长（见图 9－4）。

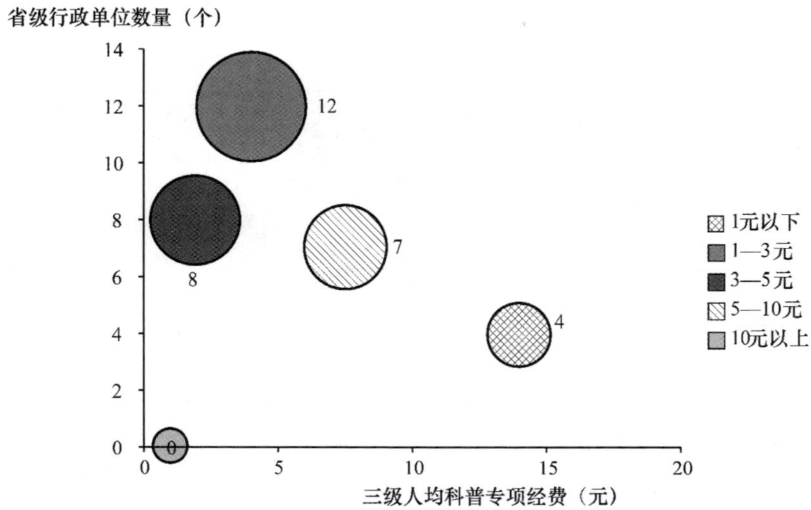

图 9－4　2021 年三级人均科普专项经费情况

从三级人均科普专项经费的变动情况看，与 2020 年相比，22 个省级行政单位出现增长（见表 9－2）①。

表 9－2　2020—2021 年各省级行政单位三级人均科普专项经费　（元）

地区	2020 年	2021 年	地区	2020 年	2021 年
北京	15.02	18.85	湖北	3.04	3.41
天津	2.80	3.12	湖南	2.89	3.23
河北	1.71	1.89	广东	4.20	4.29
山西	2.31	2.22	广西	2.99	3.62
内蒙古	4.09	4.21	海南	5.63	5.58
辽宁	1.55	1.52	重庆	4.83	6.32
吉林	3.49	3.06	四川	4.17	4.62
黑龙江	1.16	1.84	贵州	3.39	2.88
上海	15.35	17.63	云南	7.16	7.41

① 数据来源：科技部：《中国科普统计：2022 年版》，科学技术文献出版社 2023 年版。

续表

地区	2020年	2021年	地区	2020年	2021年
江苏	4.48	5.01	西藏	12.33	11.45
浙江	5.43	5.62	陕西	4.78	4.04
安徽	2.30	2.79	甘肃	3.00	4.07
福建	5.38	5.42	青海	12.03	11.70
江西	2.40	2.80	宁夏	5.66	7.92
山东	1.47	4.62	新疆	4.06	4.01
河南	2.02	2.15			

由以上数据可以看出，各省级行政单位的科普经费投入极不均衡。北京、上海、广东、河南、浙江等省级行政单位的科普经费筹措额较高，在全国科普经费总额中占有很大比例；西藏、黑龙江、宁夏、内蒙古、青海等省级行政单位科普经费筹措额则相对较少。然而，结合各省科普经费筹措额占 GDP 的比例和三级人均科普专项经费数据来看，北京、上海仍然保持着靠前的排名，广东、江苏等地的科普经费虽然数额庞大，占 GDP 的比例却低于全国平均水平，其三级人均科普专项经费数额也并不理想；而青海、宁夏、西藏等省级行政单位尽管科普经费总量不高，其占比却相对靠前，青海、西藏的三级人均科普专项经费数额仅次于北京、上海。

3. 经费使用效能不高，激励效果有限

由科普经费用途来看，科普经费主要用于集中开展科普活动、科普场馆基建、科普行政支出等方面，未能给研究机构提供持续经费支持，难以有效调动研究机构开展科普工作的积极性，不利于科普工作的持续发展。尤其是各级部门在行政方面的支出，尽管行政支出低于科普活动和科普场馆基建的支出，但仍然是不可忽视的。2021 年，全国科普经费使用额共计 189.54 亿元，比 2020 年增长 10.23%。其中，行政支出 34.41

亿元，科普活动支出 83.85 亿元，科普场馆基建支出 33.36 亿元，科普展品、设施支出 19.34 亿元，其他支出 18.58 亿元。从 2021 年科普经费各项支出的变化情况看，行政支出，科普活动支出，科普场馆基建支出，科普展品、设施支出与其他支出较 2020 年均有所增长。科普经费使用构成与 2020 年大致接近，接近一半的支出（44.24%）用于举办各种科普活动，17.60% 的支出用于科普场馆基建，10.20% 的支出用于科普展品、设施，18.2% 的支出用于行政，9.8% 的支出用于其他（见图 9－5、图 9－6）①。

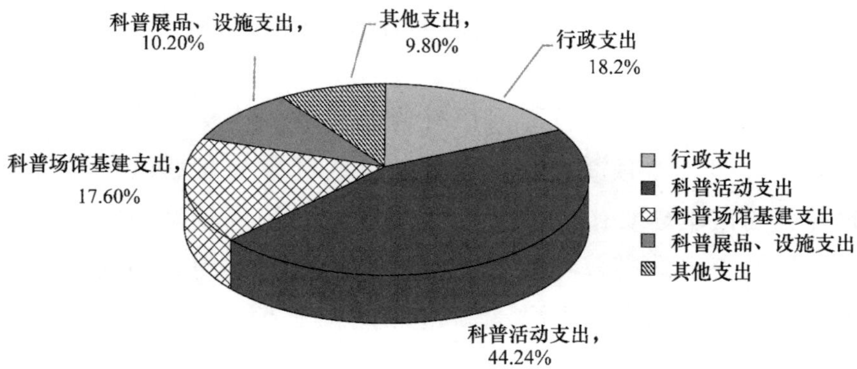

图 9－5　2021 年科普经费使用额构成

从各省的科普经费使用额的具体构成看，科普活动支出是各省科普经费最主要的使用方向。2021 年，全国科普活动支出 83.85 亿元，占使用总额的 44.24%。全国科普活动支出高于 2020 年，占使用总额的比例却略低于 2020 年。同时可以看到，在经费的具体使用途径上各省存在较明显的差异。河南、山西、宁夏和新疆等地的科普场馆基建支出占比相对较大，而青海、安徽和辽宁等地的行政支出占比则相对较高（见图 9－7）。

---

① 数据来源：科技部：《中国科普统计：2022 年版》，科学技术文献出版社 2023 年版。

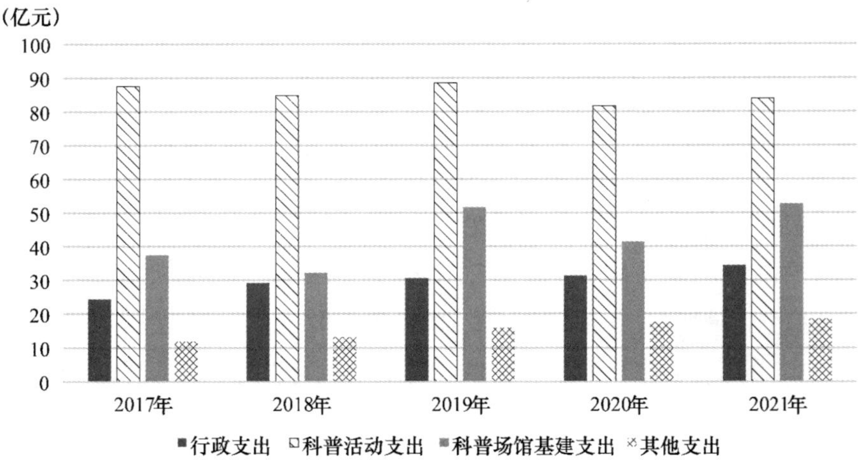

图 9－6 2017—2021 年科普经费使用额构成

数据分析显示，各部门在科普经费的具体支出项目上各有侧重。例如，国有资产监督管理、自然资源和发展改革等部门的科普场馆基建支出占科普经费使用额的比例较高，宣传部门用于其他支出的科普经费比例明显高于其他部门。中科院、广播电视、共青团、科协等部门的行政支出比例较高（见图 9－8）①。

2021 年，科普场馆基建支出额较多的部门包括科协、科技管理、教育、国有资产监督管理和自然资源 5 个部门。5 个部门的场馆基建支出均超过 3 亿元，且其场馆基建支出总和占全国科普场馆基建支出总额的比例接近八成（77.18%）。从科普场馆基建支出所占比例来看，国有资产监督管理、自然资源和发展改革 3 个部门均高于 30%（见图 9－9）②。

---

① 数据来源：科技部：《中国科普统计：2022 年版》，科学技术文献出版社 2023 年版。

② 数据来源：科技部：《中国科普统计：2022 年版》，科学技术文献出版社 2023 年版。

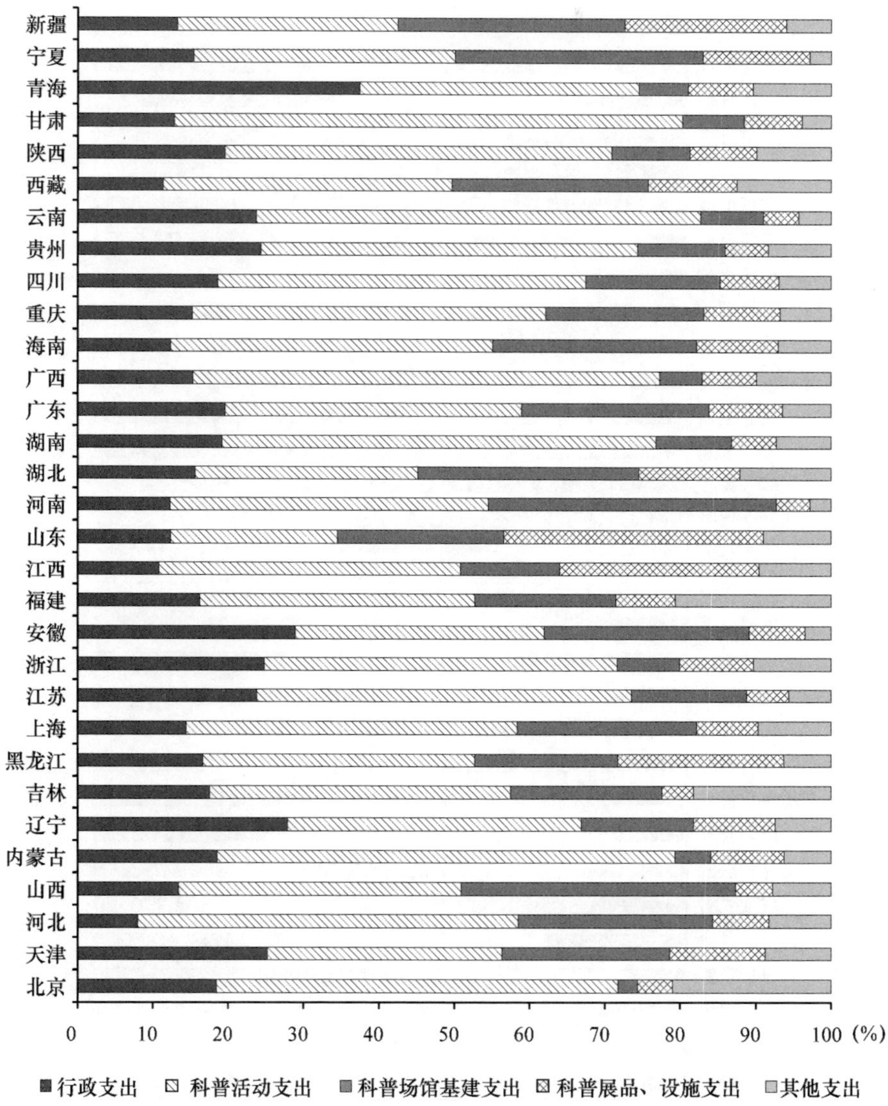

图 9－7　2021 年各省科普经费使用额构成

上述各部门科普经费支出构成情况和部门科普场馆基建支出额占科普经费使用额的比例两项数据显示，2021 年，各部门在科普场馆基建上的支出仍然占有很大比例；国有资产监督管理和自然资源等部门，花费在科普场馆基建上的资金投入比例远远高于其他部门。

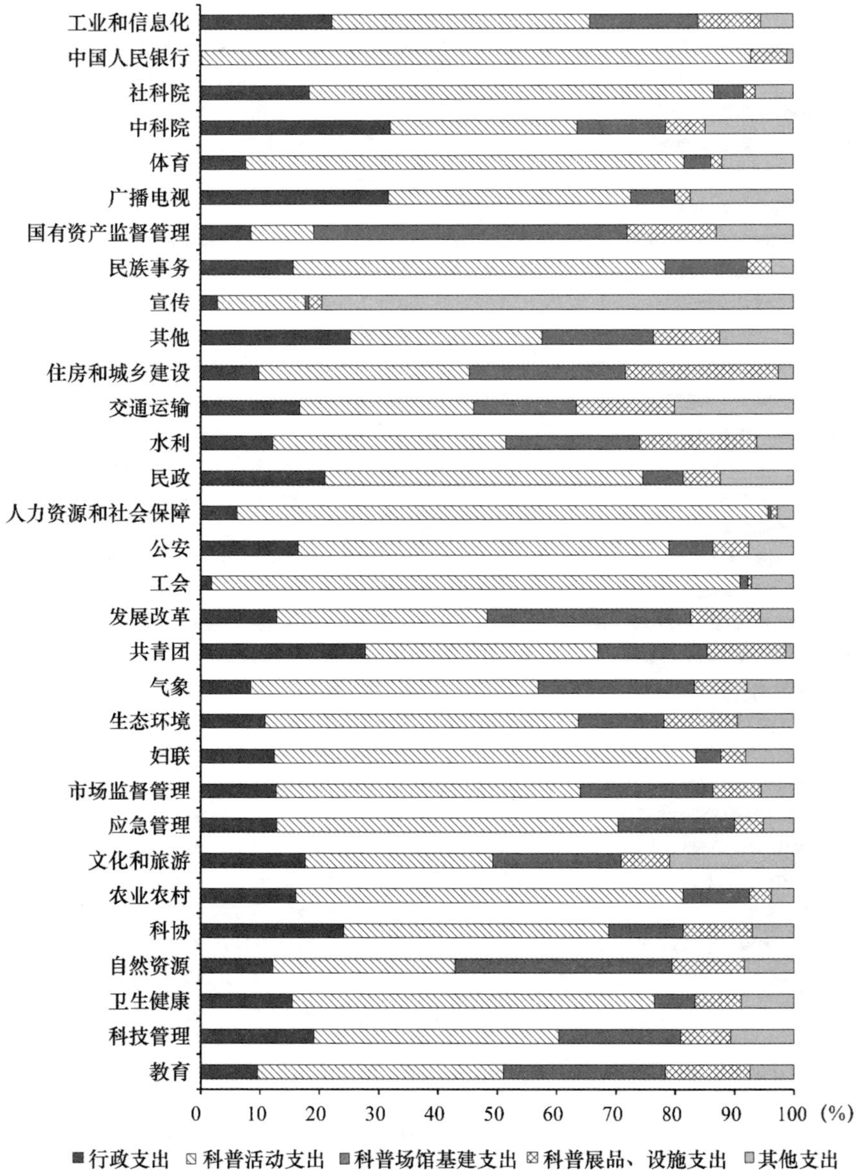

图 9－8　2021 年各部门科普经费支出构成情况

对于科普场馆来说，参观人数与科普场地建设面积的比例反映了科普场地的利用效率，参观人数与展厅面积的比例可以在一定程度上反映科普场馆建设投资的公众受益程度，是科普场馆利

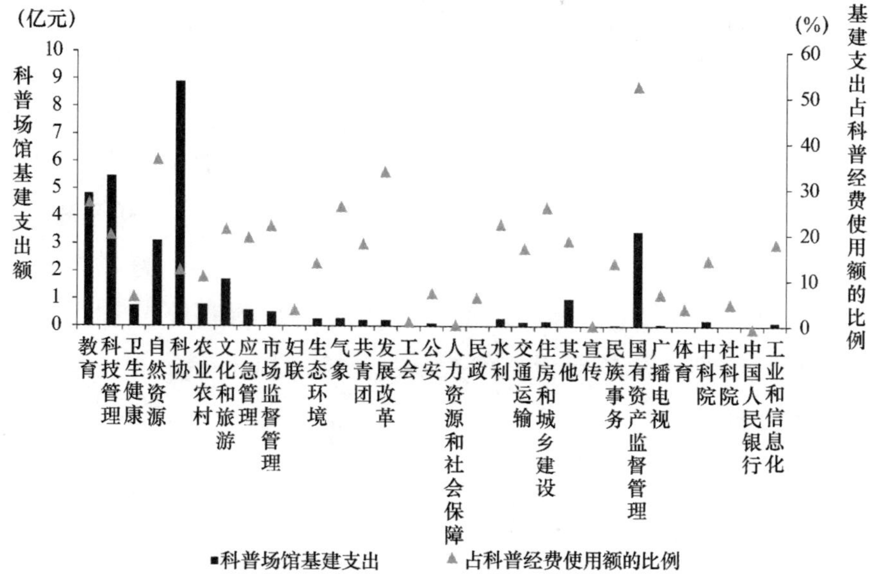

图 9－9　2021 年部门科普场馆基建支出额及占科普经费使用额的比例

用率的反应指标之一。① 总体上，科普场馆的使用效率有待提高。以 2021 年科普场地统计数据为样本，科技馆建筑面积合计 505.94 万平方米，展厅面积合计 261.82 万平方米，参观人次共计 5789.99 万人次；共有科学技术类博物馆 1016 个，比 2020 年增加 64 个。科学技术类博物馆建筑面积合计 774.79 万平方米，展厅面积合计 359.45 万平方米，参观人次共计 1.06 亿人次；共有青少年科技馆站 576 个，比 2020 年增加 9 个。青少年科技馆站建筑面积合计 178.82 万平方米，展厅面积合计 56.40 万平方米，参观人次共计 818.84 万人次。以科技馆年参观人次数、科学技术类博物馆年参观人次数、青少年科技馆站参观人次数之和除以科技馆展厅面积、科学技术类博物馆展厅面积、青少年科技

① 刘娅、汪新华、赵璇、赵帆：《“十三五”时期我国科普工作能力建设与发展》，《科普蓝皮书：国家科普能力发展报告（2021）》，社会科学文献出版社 2021 年版，第 199—242 页。

馆站展厅面积之和的商作为三类主要科普场馆单位建筑面积的展出使用率，得出25人/平方米的数据。我国《科学技术馆建设标准》要求“科技馆常设展厅单位面积年观众量可按30—60人预计”，而2021年这个数字只有25人，低于该标准预计的接待人数，说明科普场馆常设展厅的利用率和公众受益程度并不理想。其中，既有新冠疫情的影响，也有线上科技馆、云科普场馆等的兴起，使得花费较多资金修建的科普场馆未得到充分利用。今后，科普经费对场馆等设施的投入，还应兼顾一专多能以及新技术的应用拓展。

（七）科普队伍人才层面

科普队伍建设与科技发展不匹配，成为突出薄弱环节，其“木桶”短板效应值得警惕。从2009年到2020年，我国科普专职人员和兼职人员数量较为稳定，为180万—200万人。而研究与实验发展人员数量则有较大的涨幅，从2009年的229.13万人涨到2020年的523.50万人（见表9－3）。在科技人力投入大幅增加的同时，科普的投入却没有明显变化。

表9－3　　2009—2021年我国科普人员数量①

	2009年	2010年	2011年	2012年	2013年	2014年	2015年	2016年	2017年	2018年	2019年	2020年	2021年
专职人员（万人）	23.42	22.34	22.42	23.11	24.23	23.50	22.15	22.35	22.70	22.40	25.02	24.87	26.43
兼职人员（万人）	157.42	152.80	171.86	172.67	173.59	177.73	183.23	162.88	156.75	156.09	162.04	156.43	156.31
总数（万人）	180.84	175.14	194.28	195.78	197.82	201.23	205.38	185.23	179.45	178.49	187.06	181.30	182.75

① 数据来源：科技部：《中国科普统计：2022年版》，科学技术文献出版社2023年版。

续表

	2009 年	2010 年	2011 年	2012 年	2013 年	2014 年	2015 年	2016 年	2017 年	2018 年	2019 年	2020 年	2021 年
创作人员（万人）	1.002	1.10	1.12	1.41	1.45	1.29	1.33	1.41	1.49	1.55	1.74	1.85	2.24
万人拥有科普人员数（人）	13.55	13.06	14.42	14.46	14.54	14.71	14.94	13.40	12.91	12.79	13.36	12.95	—
研究与实验发展人员（万人）	229.13	255.40	288.30	324.70	353.30	371.06	375.88	387.81	403.36	438.14	480.08	523.50	—

科普人员不能满足实际需求。2021 年，东部、中部和西部地区农村科普人员数量均有所减少。在科普人员中的农村科普人员占比方面，中部和西部地区占比均超过 25%。专职农村科普人员在科普专职人员的占比方面，中部地区占比超过 30%；从兼职农村科普人员占科普兼职人员的比例来看，中部和西部地区占比超过 25%（见图 9－10）①。

相比于 2020 年，3 个地区占比均有所减少。此外，在中部和西部地区，专职农村科普人员占科普专职人员的比例分别为 33.49%和 29.44%；在东部地区，这一比例仅为 19.98%。东部地区农村科普人员占比较低的原因之一可能是东部工业化程度较高，不需要更多的农村科普人员，而中西部农村科普人员需要面对一定数量和比例的农民。从上述比例来看，无论是中部、西部，还是东部，专职农村科普人员与全国范围内农民人口比例相比（35%），依然有提高空间。此外，还存在以下问题，对部分老少边穷地区的农民而言，部分科普宣教人员不固

① 数据来源：科技部：《中国科普统计：2022 年版》，科学技术文献出版社 2023 年版。

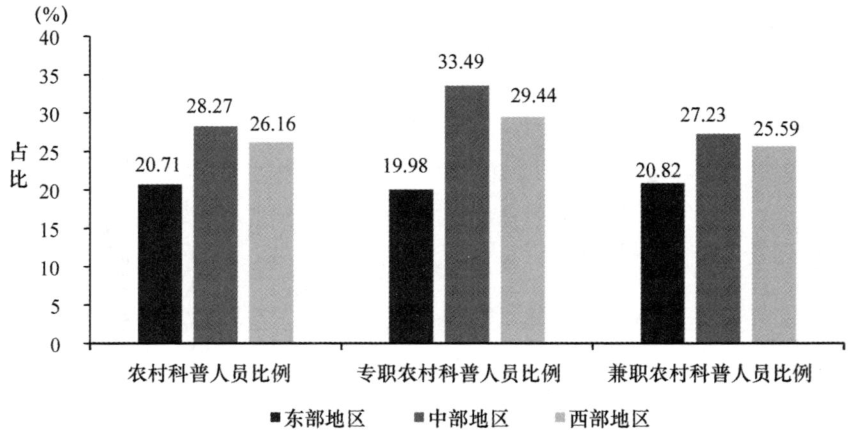

图 9-10 2021 年科普人员中农村科普人员的比例

定、不专业。科普宣教人员不了解农民的真实需求，普遍缺少公众科普教育方面的技能培训，在面对农村专业知识的科普过程中照本宣科，未能有效将科学知识真正地传递给农村居民。

民族地区科普知易行难。中国是一个多民族国家，少数民族约有 1 亿人，民族地区占国土面积的 64%，科普重点涉及自然资源保护、国土规划利用、医疗卫生健康、安全生产等重点领域。依靠科普推动民族地区经济社会全面发展，既是加强民族团结、维护祖国统一、保障边疆安全的迫切需要；又是落实科学发展观，促进区域协调发展的战略选择；还是全面贯彻落实党和国家民族政策的必然要求。通过科技工作促进民族地区发展，不仅具有重大的经济意义和社会意义，而且具有重大的政治意义。由于民族地区科普存在语言和人才双重难题，使得科普事业推进缓慢。一方面，在民族科普语言方面，科普教材大部分用汉语撰写，在民族地区适用过程中，部分乡村地区汉语普及率不高，一些农民识别汉语科普教材存在天然障碍；另一方面，民族科普人才较为稀缺，比如西藏科普人员总数仅为 0.40 万人，其中 39.40% 为农村科普人员，即仅有 1500 余人在西藏地区从事农业农村科普工作。民族地区的自然环境和工作条件在吸引科普人员方面处于不利地位。

科普作品原创力与特色受限。从科普创作人员来看，2009年科普创作人员为1.002万人，时至2021年科普创作人员增加至2.24万人，总体规模依然较小，即便是2021年，创作人员只占科普人员队伍的1.22%。由于科普创作人员较少，我国科普作品的数量较少，质量亟待提高。同时，科普作品的原创能力和供给能力也有待进一步提升。就科普图书而言，大部分的科普图书均由外国著作翻译而来，我国科普人员自主创作的科普作品较少，结合中国文化和社会特色的科普作品就更少了。此外，还有个别科普图书甚至出现明显违背科学原理的瑕疵。总之，加强科普创作人员队伍建设、提升科普队伍素养的任务非常紧迫。

第三部分
以法治方式促进科普大发展

十 《科普法》修改的理念精神与定位

（一）明确服务国家战略的科普时代定位

一是更好发挥科普在扶贫与迈向共同富裕中的作用。对老少边穷地区，通过满足其科技知识需求，发挥“扶贫先扶智”的效果，让科普在脱贫攻坚、经济社会发展中发挥更加直接和有效的驱动力。《科普法》第二十条对农村科普做出了具体规定，将农村科普的责任方限定为农村基层组织。时至今日，农业农村科普已经不仅仅是农村基层组织一家之事，故应当明确责任主体，将农业农村主管部门纳入其中。建议农业农村部对全国农业农村科普工作负责，制定每年的科普清单；地方农业农村主管部门根据地方经济与社会发展的需求，围绕科学生产、文明生活，开展科普工作。

二是更好地发挥科普助力产业转型升级的作用。通过企业科普工作，为小微企业发展提供技术咨询服务；为企业和劳动者开展创新技能培训，提升创业创新能力。

三是推动经营性、产业化科普的发展壮大。这需要政府角色相应转变，从以往的直接提供者，转向激励政策提供、科普生态监管的转化，需要不断完善科普法律法规和政策体系。《科普法》第二十五条、第二十六条、第二十七条、第二十九条都是激励科普事业发展的相关规定，包括对科普事业实行税收优惠；鼓励境内外的社会组织和个人设立科普基金、捐赠财产资助科普事业；

对在科普工作中做出重要贡献的组织和个人，予以表彰和奖励等。

四是提升各类社会组织、基金会、企业、行业协会等在科普事业中的作用和影响力。国外很多协会、基金会一直在科学普及开展方面发挥重要作用。中国今后科普事业的发展，应逐步形成政府主办、社会科普、科普产业三足鼎立的格局。社会力量的参与，除了适用《科普法》，还应适用《公益事业捐赠法》《慈善法》及相关配套制度。

五是重塑政府角色定位。从以往的科普事业举办者，更多转向政策制定者、激励提供者、评估督查者。对于社会力量参与，还应注重民政部门与科技部门的协同；而对于科普产业的发展，则需注重发挥科技部门作为促进政策的制定协调者角色，以及发挥市场监管部门的作用。

（二）构建政府主导、各方广泛参与的新模式

科普应实现从政府推动举办为主，逐步向以市场、社会为主的科普实施模式转变。《科普法》第十三条规定："科普是全社会的共同任务。社会各界都应当组织参加各类科普活动。"而推进科普的全社会参与，向社会提供具有普及性、平等性、便利性、多样性的多层次科普服务，还有巨大空间。

明确政府职能，建立各主体协同的机制。近年来，我国科普事业主要是以政府主导，各级政府部门、企事业单位、社会团体通力配合的方式开展。从科普经费一项来看，2021 年，我国科普经费筹集额为 189.07 亿元，相比 2020 年有所增加，其中，各级政府财政拨款 150.29 亿元，占比达到 79.49%。① 政府

① 新华社：《全国科普统计数据：2021 年全国共有科技馆和科普类博物馆 1677 个》，2022 年 12 月 31 日（http：//www.gov.cn/xinwen/2022-12/31/content_ 5734437.htm）。

在科普工作中的分量可见一斑。

围绕科普事业发展需求进行社会动员，可使之更加有效和顺畅。从域外看，英国科普以社会民间力量为主体，主要由民间力量负责组织、管理科普活动，而政府更多的是给他们提供意见和少许投资。[①] 中国政府在科普工作的推动中占据了过高份额，势必会导致其他社会力量难以施展拳脚，也不利于科普事业的发展。未来，政府应在保持政府现有职能的情况下，在统筹全局方面加大力量，将权力下放到社会中，将基础工作分配到民间，加强与各社会力量的有效沟通，形成各主体协同的良好机制。《科普法》第十三条明确规定：科普是全社会的共同任务。社会各界都应当组织参加各类科普活动。《科普法》还要求各类学校及其他教育机构，科学研究和技术开发机构，高等院校、自然科学和社会科学类社会团体，新闻出版、广播影视、文化等机构和团体，医疗卫生、计划生育、环境保护、国土资源、体育、气象、地震、文物、旅游等国家机关、事业单位结合各自工作开展科普活动。

在政策上，强化激励发展科普产业。科普产业是科普事业的有益补充，在今后的科普规划制订中，应对其增加政策倾斜。促进科普产业专项政策的出台；通过招标、奖励、补贴、税收优惠等形式参与科普产品的研发；探索加大政策引导科技就业的扶持力度，搭建科普产品和服务交易平台，加强市场培育；鼓励企业提升科普产品和服务的数量和质量，打造影响大、质量优的品牌项目，激发市场活力；鼓励通过示范引导、政府购买服务等方式，进一步形成政府推动、社会参与、多元互补的良性机制。此外，要规范科普产业，制定出科普产业的认定制度、产品技术规范、标准体系和市场准入机制等关键性制度，

① 李正伟：《中英科普政策、法规比较研究》，中国科协科普资助研究类项目，2003 年。

为科普产业创建良好政策环境，促进科普产业的蓬勃发展。

在法律上，倡导高科技类企业科研与科普结合。高新科技类企业拥有专业、充足的科学知识和资源，对于科普工作具有良好的引领和促进作用，应有效地引导科技类企业等市场主体主动地担负起自身社会责任，积极参与科普活动，引领科普企业成为重要科普主体。

（三）问题导向聚焦重点领域和薄弱环节

突出重点领域与薄弱环节建设实效。将革命老区、少数民族地区、边疆地区、农村地区作为科普政策优化的新重点，推动优质科普资源向上述地区倾斜，以科普破除封建迷信等不良影响，带动树立科学文明新风尚。

加强农村及欠发达地区科普工作应是《科普法》修改的重点。农村以及偏远地区的科普资源长期较为匮乏，同时这些地区群众受教育水平偏低，老年人和儿童基数较大，某种程度上被现代社会遗忘。在农村以及偏远地区进行有效科普，是相较于任何层面都更为迫切的事情。《科普法》修改过程中，应有意识加强对农村等经济欠发达地区的关注，增加对农村地区、偏远地区的科普资源倾斜投入的条款，建立对农村以及偏远地区长效、有针对性的科普机制。农业农村部办公厅、中国科协办公厅《关于开展2022年科普服务高素质农民培育行动的通知》要求突出目标导向，聚焦不同区域、不同农民群体的科普需求，坚持分类指导和科学谋划，结合实际采取多种形式，循序渐进推进科学技术普及；要求加强高素质农民科学素质培训、促进科普服务高素质农民培育、引导科普设施服务高素质农民、搭建高素质农民科普活动平台、推动高素质农民开展科普服务。

推动科普优势资源向民族地区倾斜。实践中，一些民族地区已经开展了符合本区域特征的科普创新。例如，广西都安乡结合当地实际，积极开展双语科普工作，通过少数民族语言辅助教学对当地少数民族群众进行民族优秀传统文化、现代科学知识和技能等内容的科普教育，提高了群众的科学文化素养，为脱贫致富提供了语言保障，形成民汉双语科普工作格局。建议民族地区未来应整合科普资源，提高少数民族科普资源服务水平。鼓励并扶持双语（汉语和少数民族语言文字）科普宣传品的创作、整理和翻译出版；集成、积累和整合少数民族语言科普资源，形成少数民族科普资源库；开展优秀少数民族科普作品的推介、展演、展映、展播和展示活动，鼓励和支持科普资源的区域性合作，扩大少数民族科普资源的共享范围。同时，要鼓励少数民族群众的科普创作，尤其是提高其原创能力，支持使用少数民族语言文字的媒体开设科普专栏和科普节目，建立更加广泛的科技传播渠道。此外，还应注意对少数民族语言文字的科普材料进行审查，防止出现利用少数民族语言的科普图书分裂国家，危害民族团结的行为。

（四）法律条文内容精细化刚性化更可操作

通过修法增强《科普法》的可操作性。《科普法》中的部分条款过于简单，更多倾向于倡导性，可操作性不强。地方性配套法规、规章存在类似问题，《科普法》的精神得不到有效落实；此外各类科普主体的责任不够具体化、细化，导致科普法执行不到位。因此，修法时应有针对性改进，使《科普法》的条文更具有可操作性。

条文细化应具体明确。在保证条文简单明确的情况下，明确条款目的、细化条款规定，使各级政府、各类科普主体在科普工作中更加有的放矢，将法律赋予自身的科普职责落实到位。

充实监督问责内容。评估组在调研中发现，各地政府、各级政府对《科普法》的要求落实情况良莠不齐，无论是在修订当地的科普条例时，还是在实际的科普活动当中，都有落实不到位的现象。建议在修法中，增加对各地的监督、问责条款，强化对各地科普责任的落实与监督，定期对各地科普工作情况进行检查和评估，将评估结果作为检验其工作的重要依据，同时，对落实过程中出现的不足予以及时问责。中国地震局、中国科协的《“十四五”防震减灾科普规划》要求建立健全规划实施评估制度，将规划任务落实情况作为督查和评价的重要内容。定期开展规划实施中期评估和总结评估，分析实施进展情况及存在问题，并提出改进措施，及时公布进展情况报告。生态环境部办公厅印发的《“十四五”生态环境科普工作实施方案》，要求加强生态环境科普工作调查统计和监督检查，开展绩效评价试点。提升科普工作在科研项目实施，国家环境保护重点实验室、工程技术中心、科学观测研究站建设，国家生态文明建设示范市县、“绿水青山就是金山银山”实践创新基地、国家环保模范城市、国家生态工业示范园区等创建和验收评价中的比重。

十一 《科普法》的修改路径与具体建议

《科普法》的修改对中国科普事业发展乃至科技发展都是一个重要的机遇，应通过法律制度完善和法律政策实施，破解制约经济社会发展的“卡脖子”技术难题，助力中国迈向世界科技强国。

（一）增加部门协调性，各领域精准施策

根据对中央级政府部门和人民团体与地方政府科普政策的分析，为更好地服务于未来我国科普领域法治建设，打造社会化协同、智慧化传播、规范化建设和国际化合作的科学素质建设生态，营造热爱科学、崇尚创新的社会氛围，提升社会文明程度，为全面建成社会主义现代化强国提供基础支撑，推动构建人类命运共同体，提出如下建议。

1. 政策内容细化量化，增强规范性约束力

各地方各部门应提高对科普工作的重视程度，细化政策内容，可采用清单量化方式将科普工作要求下沉到具体领域；同时，由于我国科普事业已取得一定成效，相应就要求科普政策不再侧重于指导性，而应突出规范性与强制性。因此，可以探索引入权责机制，增强科普政策的规范性和约束力。

2. 加强政策制定实施的部门间协调联动

加强政府部门之间、中央和地方之间、行业组织和企事业单位之间的协调。各管理协调机构按管理权限协调不同系统、部门以及不同主体之间的利益关系，提高科普资源共享调控能力，加强不同主体之间的交流与合作，共享资源或平台，促进多主体整合多方优势，提高科普政策的联动性和协调性。可参考、借鉴财政部、海关总署、国家税务总局联合发布的《关于“十四五”期间支持科普事业发展进口税收政策的通知》，以及财政部、中共中央宣传部、科学技术部、工业和信息化部、海关总署、国家税务总局、国家广播电视总局共同制定的《关于“十四五”期间支持科普事业发展进口税收政策管理办法的通知》等。

3. 加强科普经费法制保障

科普经费是政策作用领域最薄弱的一环，应在法律修改和政策制定中补齐短板，避免“木桶”效应，充分放大科普效果。建议设立中央财政专项资金支持科普工作，严格将科普经费列入本级财政预算。例如中办、国办印发的《关于新时代进一步加强科学技术普及工作的意见》以及宁波等地的地方性法规，都明确将科普经费列入同级财政预算。通过修法确保中央与地方财政科普投入的稳定增长，提高科普支出占财政支出的比例。生态环境部办公厅关于印发的《“十四五”生态环境科普工作实施方案》也要求各级生态环境部门、各单位应加大经费投入，保障生态环境科普专项工作经费。在生态环境工程建设项目、科研业务项目、专项任务等工作中安排一定比例经费用于生态环境科普。进一步拓宽科普投入来源渠道，运用财税手段，积极探索重点支持加快公共科技服务体系建设，加大政策支持，加强对科普产品创作生产、市场供求的引导，支持科普产业的快速发展。探索建立适合我国国情的多元化公共科技服务筹资方式，鼓励个人、企业及国内外非政府组织向科普事业相关基金会开展捐赠活动，完善社会各界对公共科技服务事业的捐赠激励机制，充分利用社会力量支持公共科技服务体系的建设和运行。

4. 构建科普人才雁阵

在科普政策中要明确加强科普专兼职人才队伍建设，继续壮大科普志愿者队伍，完善社会力量从事科普工作的系统规划、长远部署有效的组织管理制度；同时建立培训体系，全面提升科普人才队伍的综合能力，加快出台科普人才培养制度，在科普规划、纲要或条例中，明确建立关于不同类型的科普人才培养包括培训制度的规定。在科普人员的保障上，各地各部门要加快建立起全面的科普职称评价机制，将科普工作成果纳入绩效评价，发挥各级科技奖励中科普类奖项的激励引导作用，探索开展科普效果评估机制，对在科普工作中表现突出的先进集体和个人进行表彰和宣传，激发科普从业者的积极性。贯彻中办、国办印发的《关于新时代进一步加强科学技术普及工作的意见》提出的，对在科普工作中做出突出贡献的组织和个人按照国家有关规定给予表彰。完善科普工作者评价体系，在表彰奖励、人才计划实施中予以支持。

5. 推进科普设施建设

在政策设计上，应加快实现省级行政区将科普设施建设全面纳入城乡建设规划和基本建设计划，鼓励更多的市级行政区在城乡建设规划和基本建设计划中增加科普设施建设的内容。中国地震局、中国科协在《“十四五”防震减灾科普规划》① 中要求推

---

① 中国地震局、中国科协关于印发《“十四五”防震减灾科普规划》的通知，中国地震局、中国科学技术协会，2021 年 12 月 22 日。

进在地震重点监视防御区每个市（地、州、盟）建设1个包含防震减灾内容的综合性科普场馆。在发展大型科普场馆、科普基地的同时兼顾鼓励科普长廊、科普e站等新形式的科普设施建设。鼓励引导利用有条件的工业遗产和闲置淘汰生产设施进行科普场地的改造。利用政策导向作用鼓励高等学校、科研院所、企业社会等多方主体开放、建设科普场地和设施。引导推动各地广泛将科普元素融入社区公园、广场、乡村服务场所等公共设施，促进浸入式、体验式科普教育常态化、大众化、有效化。

6. 拓宽科普传播媒介

在信息化时代，充分运用互联网、多媒体、平台化建设手段是大势所趋、时之所向。要充分应用大数据、云计算、人工智能、区块链等技术，利用移动资讯平台、移动社交媒体、“云展演”等多种渠道组织科普传播活动。例如水利部、共青团中央、中国科协《关于加强水利科普工作的指导意见》提出创新水利科普方式手段，鼓励应用VR、AR、MR等新技术，打造一批集科学性和趣味性于一体的高品质水利科普精品；利用“两微一端”等新媒体手段和大数据等新兴技术，科学定位目标群体，为公众提供丰富、可选、精准的水利科普服务。同时，科普政策仍要继续做好鼓励传统媒介参与科普事业的工作，如鼓励报纸杂志增设科普专栏、出版社增加科普书籍的出版量；鼓励电视媒体增加科普类节目，延长科普类频道广播时间。此外，还可探索鼓励公共场所电子显示屏、地铁广告、车体广告、城乡社区宣传栏（橱窗）和全国候车（机）厅、车厢（客舱）电子显示屏、站台等发挥科普载体作用，营造浓厚的舆论氛围。

（二）优化组织管理体制，明确职责分工

为建设创新型国家，提升国家科普能力，科普工作需要科

技部门主导、各部门统筹协调、分工协作，形成齐抓共管的良好工作局面，不断提升国家科普能力。国家科普能力的提升，离不开加强和改善党和政府对科普工作的领导，离不开管理体制的优化完善。

1. 坚持并发挥好科技行政管理部门的主导作用

明确科技管理部门应履行的科普行政管理责任和协调责任，以及卫生健康、文化旅游、人社、气象、应急、市场监管等各部门就所主管领域应履行与科普相关的行政管理职责。一是推动各部门的专门领域或环节的科普工作。在科技部门推动协调之下，各责任部门围绕健康生活、环境保护、安全生产、防灾减灾、垃圾分类、食品安全等分别依照自身职责开展推动科普活动。二是推动社会各界开展科普工作。推动科协、工会、共青团、妇联、社科联等人民团体，以及社会组织、基金会、科研机构、高等院校和企业等结合自身特点、优势，广泛开展各类科普活动。三是推进科普工作与业务管理工作同部署、同推进、同落实。

2. 优化管理体制，提升科普工作组织力

明确各方责任，健全完善科普工作协调机制。推动各级政府建立完善的科普工作协调制度，健全科普工作协同联动机制，加强中央与地方间、不同部门间、各层级间、政府与社会市场间的统筹协调，形成上下级、央地之间、不同层级之间的一体化科普新格局。

搭建平台，形成常态化的部门沟通、交流、合作机制。科普事业的发展不能仅依靠科技部门和科协系统，需要各个部门、各个行业、各个领域共同参与到科普事业当中。除了联席会议，充分利用信息化建设成果，搭建线上部门联络平台，使得部门之间的沟通、协调、合作更加便捷。今后需要动员各部门、各

领域、各行业，共同推进科普事业大发展，调动起各部门、领域、行业的科普积极性，不断完善科普管理体制机制，提升科普工作质效。

3. 实施科普清单制，增强执行力

科普和普法具有相似之处，都是对特定专业知识进行宣传教育，具有凝聚共识、提高公民素质、降低社会管理成本等功能。在普法工作方面，我国既有全国人大常委会每隔五年公布的普法决议，又有各个部门制定并公开的普法责任清单。至今普法工作已经进入到“八五”普法，普法的各种制度已经日渐完善，普法效果也逐步显现。与普法类似，科普工作亦可参考普法的制度设计。一方面，由科技部建议全国人大常委会就科普工作发布决议，以五年为周期，开展第一个五年科技普及宣传工作。另一方面，将科普责任清单设置和考核工作写入《科普法》修改之中，赋予科技部制定审查科普责任清单的权力和责任，并联合其他部委确定年度科普重点，年末进行考核总结。科普应当像普法一样，借鉴“谁执法谁普法”，引入“谁主管谁科普”。如针对农村地区的科普工作主要由农业农村部门负责落实，针对青少年和未成年人主要由教育主管部门负责落实，等等。

（三）完善科普激励政策，注入发展动力

以财政和金融政策为核心，完善科普激励促进政策，发挥杠杆效应，撬动引导社会多元化资源投入科普事业。

联动修改税法，完善税收优惠机制。应完善科普产业、科普企业、科普产品、从事科普社会组织、基金会的税收优惠政策。企业、个人向科普事业捐赠财物的，要明确相关税收优惠。出台实施细则，使得科普企业、科普产品能够完全享受国家高

新技术企业相关税收优惠政策和其他促进政策。对于设置慈善事业、颁发科普奖项的开支和从事科普的组织、个人、作品获得相关奖励的，依法予以税收减免。

对企业投入科普基础设施建设资金和企业用于开展和资助公益性科普的资金给予免税优惠。目前我国对于科普税收的政策主要是科技部、财政部、国税总局、海关总署、新闻出版总署于2003年11月14日颁布的《科普税收优惠政策实施办法》。该办法不仅规定了科普设施、场所对于青少年的优惠政策，同时也规定对于社会力量开展科普活动进行税收优惠。这极大地促进了青少年参观科技馆等科普场所的积极性，也掀起了企业开展科普活动的高潮。但同时该办法对于“科普活动”的认定设置了较高门槛，例如该办法规定：科普活动的地方党政部门等单位，应当在活动举办一个月前，向所在地的地（市）级科技行政管理部门提出认定申请，并提交科普活动批件、科普活动方案（包括主办单位、承办单位、活动目的、活动规模、门票定价等内容）等相关文件。活动举办一月前就需提交申请，这不仅增加了举办活动主体的工作时长，而且对于地级市以下的地区开办活动造成一定难度。国家若在科普活动的认定中降低标准，将会给更多社会主体参与科普的机会。同时可以支持各类组织学习国外先进科普经验，仿照对中小企业创业的政策支持，对从事科普的企业给予一定优惠，对模范科普模式在全国范围推广复制。

购买科普服务入法。科技部、中国科协已有向科研机构、社会组织购买科普服务的实践。2021年1月出台的《关于新冠肺炎疫情防控常态化下进一步加强健康教育工作的指导意见》明确提出要“加大政府购买服务力度”，可在其基础上，将政府购买科普服务明确纳入法律。目前我国的科普服务还是政府主导模式，通过政府购买科普服务的方式，把社会组织、企业和个人都引入科普服务领域，更能在发挥科普服务潜能的同时，更好地利用社会力量，让政府在科普中总揽全局而不用事事亲力亲为。

鼓励科普相关慈善组织与慈善活动。根据《慈善法》第三条第四项，“促进教育、科学、文化、卫生、体育等事业的发展”的公益活动，属于慈善活动。但实践中，以科普为宗旨的慈善组织，尚不多见；促进科普的慈善活动，尚未广泛展开。科普基金会与慈善组织作为非营利的公益性组织，对于动员社会力量、集聚各方资源具有重要优势，并对于开展和支持各类科普教育活动、促进科普能力创建具有重要作用。在广东，钟南山基金、省科技厅、省科协、广州市科技局、深圳市科技局等目前拟联合组织，并向社会募集资金，成立广东科普基金。我国对于科普慈善的激励机制还不够完善，政策文件也有一定的缺漏，如若利用好这个力量，将会减轻政府财政压力，发挥杠杆效果，对于培育社会科普氛围也具有重要意义。

开设科技彩票，填补资金缺口。近年来，随着科研经费投入的增加，科研工作者夜以继日的辛勤工作，中国科研创新有目共睹。目前，中国已能实现“可上九天揽月，可下五洋捉鳖”。科研不仅依靠专业科学家的努力，更需要科普工作培育更多的科研社会土壤，以激发青少年从事科研的兴趣、激发社会力量参与科学研究的热情、提高科研工作者的社会地位和认同感。在政府“勒紧腰带过紧日子”的背景下，可考虑设立科技彩票，在弥补科普经费缺口的同时，可以提高科研创新奖励，并提升公民科研热情。设立科技彩票势在必行。

首先，开设科技彩票能够补齐资金缺口。目前中国彩票仅有福利彩票和体育彩票两种，福利彩票使得孤寡老人、残疾人、妇女、儿童等的福利有了较大提升；体育彩票在助力中国从体育大国走向体育强国，为强健每个国人的身体方面提供了资金支持。自 1987 年中国彩票开始发行销售以来，截至 2020 年年底，我国累计发行销售彩票约 4.46 万亿元，筹集公益金约 1.27

万亿元，仅 2020 年一年彩票销售额就达到了 3339.5 亿元。而同年，全国科普工作经费筹集规模为 171.72 亿元，各级政府部门拨款 138.39 亿元，占全部经费筹集额的 80.59%，另有 19.41% 的经费来自社会投入。未来受制于财政压力，科普经费政府投入增幅有限。创设科技彩票，可以有效填补科普工作带来的资金缺口，甚至还可能略有盈余来支持科研创新和科研奖励。

其次，开设科技彩票能够增加科普受众。目前，全国科普人员规模为 181.3 万人，他们虽然分布在全国各省、自治区、直辖市，但上述规模的人员力量依然薄弱，难以覆盖 14 亿人口。截至目前，中国的彩民数量已经超过 3 亿人，曾经买过彩票的人数更是超过 7 亿人。在销售彩票过程中宣传科学知识，可潜移默化地普及科学常识，极大提升公民科学素养，扩大科普受众群体。利用科技彩票宣传科普知识的形式有很多，既可以在彩票背面随机印制科普内容，还可以在彩票站发放科普宣传手册，亦可以在彩票开奖节目中穿插科普公益广告。

最后，开设科技彩票能让科普深入基层。2020 年，全国共有科技馆和科学技术类博物馆 1525 个，科技馆和科学技术类博物馆的参观人数为 1.15 亿人次。此外，全国有 8328 个国家实验室、工程中心、分析测试中心、科学数据中心等科研设施向社会开放。科技馆、博物馆以及各类实验中心固然可以满足群众对科技知识的渴求，激发群众对科学的兴趣。但上述科技馆、博物馆以及实验中心等场所距离普通群众太远，难以真正深入基层。科普除了要展示高大上的高精尖技术，也要宣传接地气的日常科学应用，尤其是在生活健康、医疗保健、科学常识等方面，需要反复宣讲。科技彩票可以依托现有福彩、体彩站点一同发售，利用全国 30 万家彩票专营站点将科普知识和内容深入到每一个街区，成为公民身边的科普阵地。

推进科普工作人员及科研人员职称与评价制度改革。完善科普工作成果的评价机制，对科普创作人才的培养、使用、提拔进行合理安排，使科普宣教工作人尽其才。将科普工作业绩纳入科研工作者的职称评价标准之中。还应将科普工作纳入科研人员业绩考核，并呼吁有关部门将科普创作纳入科研人员业务考核内容，解决科研人员科普及科普创作动力不足的问题。

加强基金项目激励。科协有关部门应与文化和旅游部、科技部等相关部委联合议事，设立科普创作基金，重点支持优秀科普原创作品，支持重大科技成果普及选题的创作，加大对科普创作的扶持和孵化力度，为科研人员参与科普创作提供更多激励。

持续加大奖励支持力度。政府应当加大对科普工作的资金投入，尽可能覆盖科普工作的运营成本，消除后顾之忧。其次加大科普创作成果的奖励力度，使该类人才在投入充足时间进行科普工作的同时获得相应的精神和物质回报。加强对高规格科普创作奖项的建设力度，适当扩大授奖范围，在国家科技项目、人才奖励中留有一定比例奖励科普创作者。有关部门应出台优惠扶持政策，支持科普创作产业化发展，提高科研人员科普创作的物质收入。推广以奖代补。以奖代补是将科普补贴支持经费中的一部分，用奖励的方式进行分配。一些部门和地方的经验做法，值得总结推广。比如，生态环境部把科学普及纳入科技成果转化的范畴，将转化收益的60%直接奖励给个人。这一做法值得在各领域广泛推开。

加大对偏远地区的政策扶持力度。部分偏远地区省、市，其科普活动形式单一、种类较少。如昆明市政府网站上未检索到相关国家机关以及事业单位举行的科普活动信息，甘肃的科普活动仅检索到发放科普教材的形式，宁夏的科普活动频率相对较低。建议国家对偏远地区制定倾斜政策，加大对偏远地区的科普资源的投入。

结合民族特点出台促进政策。评估组注意到，部分少数民族地区根据本地民族风情举办符合本地民族文化的特殊科普宣传活动，使民族科普活动更加有针对性，增加了科普活动的形式与趣味性。如南宁市科技馆在“壮族三月三”假期期间，推出“畅想科技，点亮梦想”、欢度“壮族三月三”系列科普活动，带领观众一起深入了解少数民族文化及相关法律法规，吸引众多游客参与。民族自治地方可以结合本民族特点和民族文化，制定具有当地特色的科普宣教政策，使科普人员不仅可以传递科学知识，还可以弘扬民族文化，展示民族风采，同时还能提升科普宣教的趣味性，为民族团结积蓄知识力量。

（四）突出重点人群领域，带动全面发展

今后科普工作应继续针对重点人群，由此以小到大、以点到面，以重点人群和重点领域带动全体人民，实现对社会各界的全面科普。

1. 青少年科普

在已有两条基础上，应考虑在修改法律时，设置“青少年科普”专章。

首先，要加大幼儿科普教育探索力度，形成完善的机制体制。

其次，针对青少年的科普工作重点应当放在建立涵盖学校和教育行政部门的宏观科普教育体系上，以机制倒逼学校、家庭提高对科普教育的认识程度和重视程度，其他方面的科普工作才能够有效地开展。

再次，应当进一步解决经费投入问题、均衡科普教育资源、加大力度发展多方面的科普示范学校。推动校内形成稳定有效的科普机制，制订科普工作计划并定期考核评估，保证学校科普工作有序开展。校外活动方面，应当加大力度鼓励出版适合

不同年龄段青少年的文化产品，满足青少年的课外科普知识需求；在各类科技创新、科普宣传比赛中加大奖励、宣传力度，激励青少年在科普中学习科学知识，推动青少年科普事业的发展；鼓励支持科学技术人员从事青少年科普工作，使科普资源得到更有效的利用。例如生态环境部《"十四五"生态环境科普工作实施方案》中提到的：实施生态环境科普专家团队进校园行动，通过专家报告、对话等形式激发青少年从事生态环境保护和科技创新的兴趣；推进生态环境研学活动，组织青少年走进生态环境科普基地等校外科普场所，促进校内外学习相衔接；加强与青少年科技活动中心、少年宫等机构合作，组织举办全国中学生科技发明比赛、生态环境科普创意征集等活动。同时，政府应推动当地建设优质的、符合优惠条件的科普场馆，且加大科普场馆对青少年开放的优惠力度，实现良性共赢。

最后，要提高家庭教育在提高未成年人科学素质中的作用程度，发挥家庭的基础性功能。

2. 老年人科普

近年来，针对老年人科普的政策相较其他重点科普对象而言少之又少。相关政策的出台是对老年人科普工作落实的前提，应提高对老年人科普的重视程度、加大对老年人的科普政策出台力度。同时，信息公开不到位也不利于政策落实及人民群众对相关工作的监督。所以，应完善文件上网机制、加大新闻宣传力度，将针对老年人的科普优惠贯彻落实到实处。正如生态环境部在《"十四五"生态环境科普工作实施方案》中提到的，要推动老年人环境与健康科普进社区，鼓励志愿者面向社区、养老服务机构等单位开展志愿服务，传播重污染天气健康防护、健康饮水、食品安全、垃圾分类等知识和理念，有效增强生态环境信息获取、识别和应用的能力。

3. 农民科普

国家应努力配合缩小地区间的科普资源差距，引导社会科普资源向欠发达地区农村倾斜，促进革命老区、民族地区、脱贫地区农民科学素质提升。只有加强农村科普公共服务能力建设才能让农村科普之路走得更远、更久。建议各地通过加强科普宣传、实施科普惠农兴村计划、建设全国科普示范区创建活动等举措，使科普工作能在农村发挥更多力量。

总体上，广袤的农村地区尚未有效利用好互联网，今后应当构建好企业、科研院所、农村三者之间的对接体系，进一步壮大农村科普的各方力量，让农民在利用互联网生产销售过程中学习科学知识，在享受互联网红利过程中提升整体科学素养。在具体举措上，需考虑以下方面。

一是鼓励农科高校和科研院所深入基层、深入田间地头、深入广袤的农村大地，加强合作，推动农科院所和高校科研人员、学生与地方农村建立科技小院、专家大院、院（校）地共建等农业科技社会化服务模式。二是总结推广生态环境领域经验，鼓励组织大学生志愿者利用寒暑假社会实践，进入千乡万村开展农村垃圾与污水治理、秸秆焚烧及综合利用、畜禽粪污治理及综合利用、农药化肥科学施用、村容村貌提升、饮用水安全保障、环境与健康等专题科普活动。三是将田间地头作为学生实习的场所，推动科技特派员制度，支持家庭农场、农民合作社、农业社会化服务组织等新型农业经营主体和服务主体通过建立示范基地、田间学校等方式开展科技示范，引领现代农业发展。四是引导专业技术学（协）会等社会组织开展农业科技服务，将先进适用的品种、技术、装备、设施导入小农户，实现小农户和现代农业有机衔接。

4. 产业工人和城镇劳动者科普

首先，应加大开展职业精神宣传教育力度，科学普及不仅仅要普及专业知识、专业技能，更要普及职业伦理，用知识武装头脑，用职业精神引领职业方向。生态环境部《“十四五”生态环境科普工作实施方案》中提出，推动生态环境保护知识进企业、进厂矿、进车间，增强产业工人的环境与健康意识，提升自我防护本领。

其次，鼓励企业家投身科普事业。企业家应起到模范标兵的作用，将科普工作在企业内部推进、在工人中间推行，这将对产业工人和城镇劳动者起到重要示范作用。只有企业的领头人投身于科普工作中，才能更好地将企业中的科普工作落实到实处、相关科普活动才能得到更好的践行。与此同时，广泛开展丰富多彩的创新创业活动更有利于点燃工人、劳动者们的学习热情，帮助他们更好地投入创新创业的浪潮之中。

5. 领导干部和公务员科普

“新形势需要新担当，新征程呼唤新作为。”习近平总书记指出，“注重培养专业能力、专业精神，增强干部队伍适应新时代中国特色社会主义发展要求的能力”。各地应该加大对领导干部和公务员科学素质的提升力度，以适应新时代新要求。例如生态环境部办公厅的《“十四五”生态环境科普工作实施方案》要求组织编写领导干部和公务员培训教材，将习近平生态文明思想和科技创新重要论述、生态环境保护政策法规、绿色低碳发展、环境风险防范化解的科学内涵等纳入领导干部和公务员教育培训的重要内容。针对此类人群，应当在政策层面加大其规范力度，使这部分人群真正能够树立科普观念、掌握科学知识，从而起到模范作用。要加大对领导干部和公务员在考核与录用中的科学知识占比，加大对其科普培训力度。只有领导干部坚持以身作则、以上率下，科普工作才能更好开展，全民科学素质才能得到更快提升。

6. 应急科普

应急管理是现代社会治理体系的重要组成部分。应急科普既是应急管理工作的重要组成部分，也是科普高质量发展的关键所在，是科普综合能力的集中体现。在法治轨道上加强和完善应急科普，既有必要性，也有现实紧迫性。应急科普涉及多个领域、各类群体，具有点多、线长、面广的特点。加强全民应急科普知识教育、提升防灾减灾、自救互救技能培训是一项长期而艰巨的任务。为此，应当高度重视应急科普的制度构建与法治完善，形成平战结合的法治化应急科普体系。

首先，让应急科普成为应急管理的重要一环。应急科普与应急信息发布、预报预警、处置措施及相关政策解读有机结合。做好科普选题策划，解读国家防控政策措施等举措，在众声喧哗中营造健康向上的科学主旋律。应急科普往往涉及多个部门、多个层次，为此应当建立完善应急科普协同机制，做好相关部门联动，中央、地方协同，提升应急科普的传播力。应急科普在管理上需坚持政府机关的主导地位，避免各行其是。制度建设上，应当凸显科技部和应急管理部的牵头作用和顶层设计功能。实践中，一些主要应急科普政策文件由中国科协牵头制定出台，力度不足，协调能力有限，导致实施中难以落地，效果大打折扣。必须明确，应急科普主要是科技管理部门和应急管理部门的职责，既是科普的重点内容，为此科技部守土有责；作为应急管理和应急体系的组成部分，也需要应急管理部门当仁不让。接下来，才是卫健、地震、气象等部门；再往下，是科协等人民团体、社会组织等。由此，政府主导并承担主体责任，权责明确。

其次，充实应急管理制度中的科普内容和要求。一是完善各级政府、部门应急预案中的应急科普内容。将应急科普纳入应急管理考核体系。提升领导干部的应急科普能力。二是构建突发事件应对和回应关切的科普运维机制。《科普法》修改时，建议增加专门条款内容如下：发生重大自然灾害、事故灾难和公共卫生事件等突发事件时，有关政府部门应当建立完善应急科普机制。由此，筑牢应急管理的人民防线。三是让全社会掌握常见类型应急事件的常识，做到学常识，懂应急，会避险，能施救。还应通过科普引导群众正确、理性看待灾害、事件，减少心理恐慌。

再次，应急科普细分细化统筹力量要直达基层。当下，应急科普对各类群体的针对性还不够，“大水漫灌”对受众群体不加区分的做法仍然是主流形态。建议建立完善应急科普资源库和专家库，搭建国家层面的应急科普平台，作为国家科普平台的子平台。同时要分门别类，储备传染病防治、自然灾害、应急避险等方面的应急科普知识。在此基础上，考虑按照不同受众群体的各类需求分门别类实施科普。全面推进应急科普要根据不同对象需求，进企业、进农村、进社区、进学校、进家庭。比如，对于老年人，依托老龄协会、老年大学、社区科普组织等平台，引领老年人健康生活，提升对智能手机等的应用水平，将极大增强其对现代生活的适应能力和获得感、幸福感。对于产业工人，将科学素质提升与科普相结合，弘扬劳模精神和工匠精神，助力技术革新和产业升级。中国地震局、中国科协在《“十四五”防震减灾科普规划》中要求，面向青少年、农民、产业工人、老年人、领导干部和公务员等重点人群，有针对性地开展防震减灾科普“六进”，推进防震减灾知识纳入中小学生安全教育、各级党校（行政学院）培训内容等，普及防震减灾科学知识，弘扬抗震救灾精神，传播防震减灾文化，激发防震减灾科学兴趣，有效提升全社会防震减灾科学素质。

应急宣教基地的集约化与功能综合化。要超越以往单一功能基地建设的模式，建设功能综合化，集灾害科普教育、法规政策宣传、应急体验、自救互救模拟等功能于一体的综合性基地。加强应急虚拟体验馆建设。畅通应急科普在主流媒体的传播渠道，在特定事件事故发生时，做好安全防护、危机应对、心理健康、政策解读等权威科普信息发布。中国地震局、中国科协在《“十四五”防震减灾科普规划》中提出，建设中国数字地震科普馆。充分利用虚拟现实/增强现实技术、静态图像和远程控制视频点播系统、3D打印等高新技术，运用高分辨率三维数字影像展示、人机互动、实物及模型展示、房屋设施地震反应体验等形式，开发包括科普动漫、科学实验、互动游戏、情景视频等科普精品智能课程，提供智慧科普服务。

突出多种渠道形成科普合力。领导解读、专家访谈、科普讲座、街头宣传等多种活动方式相结合，报刊、广播、电视，以及短视频、科普画廊等媒介形式相结合，并特别注意用好用活新媒体，做好应急处置科普，形成强大合力，增强工作实效。

做好科普法与相关法的联动修改。《传染病防治法》《突发事件应对法》等法律的修改正在进行中。建议完善上述法律中的科普相关规范统筹考虑，并与《科普法》修订联动协调，既要避免冲突、不一致，给法律实施带来困惑，也要尽可能避免不必要重复，带来立法资源浪费。

（五）多管齐下，促进科普产业化发展

提升科普产业发展理念。在坚持科普产业公益性的同时，应兼顾产业的经营性和盈利性。目前部分科普优势单位为一类公益性事业单位，不能进行商业性运营，这无疑在一定程度上阻碍了科普产业化的进展。尽管科普产业的本质属性是服务公众，提高全民科学素质，但是为了繁荣科普产业，吸引市场主体和社会资源的加入，就要探索科普产业的盈利途径。只有这样，市场主体才会积极创新科普的新形式，发展科普新业态，使公众接受更好的科普服务。为此，应积极探索科普的公益性

和营利性并存互助的产业模式。政府在为市场主体创造良性产业环境的同时，可考虑给予一定的优惠补助政策，鼓励科普产业向公众优惠，从而实现产业和科普目标的共赢。

增加科普产业促进条款。《科普法》在修改时，宜考虑增加促进科普产业发展的条款。可做出以下规定：国家鼓励和支持境内外企业、社会组织、个人等设立以科普为宗旨的慈善组织、慈善信托，或者以捐赠财物等方式，支持科普事业发展。《科普法》虽然规定了社会力量兴办科普事业可以按照市场机制运行，但是社会力量范围较广，大到科协、企业、事业单位、高校、科研院所，小到协会社团、家庭、个人等，主体不同，力量大小也不同，如果只参照同一规则来开展活动不可避免会引发各方面的问题。应当对各类主体进行分类，根据每类主体的不同性质来设置确定适合各个主体的科普参与机制，规范市场化运作。《中华人民共和国公益性事业捐赠法》《科普税收优惠政策实施办法》等要加大宣传、落实力度；此外，还应加快科技馆建设、大众传媒科技传播、非政府组织开展科普的相关政策制定等。

出台科普产业发展意见，完善科普产业发展支持政策。为科普市场化发展消除制度障碍，提供有效激励，需要完善支持政策体系。《科普法》修改后，建议以国务院名义出台加快科普产业发展的指导意见，通过政策扶持、补贴、税收、贷款等方式吸引社会资本和风投，将科普与旅游、教育、体育、媒体、文化等融合发展，培育科普新业态，建立科普中小企业资源共享和孵化平台，推进科普产业园区发展，促进科普资源集聚与配置优化，进而推动科普产业快速发展。特别是，将有关支持科普产业发展的财税优惠政策落实到位，在“十四五”时期出台更多的激励政策。比如，国家可给予合理的税收优惠或财政补助政策，吸引社会资本投入科普市场；在“科普 + 产业”领域设立科普成果奖项，鼓励在科普展览、科技教育、科普展品教品、科普影视、科普书刊等科普产业行业创新形式，促进科普知识的传播。在地方层面，各地应当根据自己的地方特色，因地制宜打造合适的科普产业，出台具体的科普产业扶持措施，确定责任部门，为具体的政策实施做出明确指引。

建立科普产业发展基金，推广以奖代补。水利部、共青团中央、中国科协《关于加强水利科普工作的指导意见》提出“探索设立水利科普发展基金”。考虑适时总结其做法，全面推广科普产业发展基金。以奖代补是将科普补贴支持经费中的一部分，用奖励的方式进行分配。一些部门和地方的经验做法，值得总结推广并在其他领域广泛推开。比如，生态环境部把科学普及纳入科技成果转化的范畴，将转化收益的60%直接奖励给个人。

激发市场需求活力。有需求才有市场，为了繁荣科普产业，必须要应用好市场机制。一方面是要提高社会对科普的重视程度，尤其是针对重点领域人群，要进行宣传引导，比如浙江省在中小学开展科普学分制试点工作，倒逼青少年、学校、家长重视科普教育。另一方面举办各种科普活动，激发社会公众对科普的兴趣，使各个群体意识到提高科学素质的必要性，增加对科普服务的需求。

调研材料显示，原创科普读物的市场认可度不高，市场规模有限，科普出版物的销售数量较少，难以取得较好的经济效益，常常是“赔本赚吆喝”，从而在很大程度上影响了科普出版物策划和营销的积极性，也无法吸引社会资本的投入。这种情况下就需要创新形式，使得科普读物等产品获得公众更多青睐，打开科普市场。

科普产业的发展，可考虑将科普内容融入不同形式的产业中，比如将科普与文化传媒相结合，出版科普图书，打造科普网站、科普自媒体；将科普与旅游业相结合，发展科普旅游业等。京津冀地区开展了“美丽京津冀·科普”旅游活动，涵盖科普场馆、主题公园、工业生产线、大型科研设施、领军企业等在内的科普旅游路线，是典型的“科普+旅游”产业。由此，发展多元科普产业机制，使公众能够潜移默化地在各类活动中被“润物细无声”地科普，既增加产业盈利点，又实现提高公众科学素质和产业繁荣的目标。

推动各地区协同发展。建立区域合作机制、区域互助机制。针对东、西、中部地区产业发展不均衡的现状，考虑到地区之间经济水平存在差异，因此在优惠政策、考核评估方面应当给予落后地区特殊优待。一方面中央应当对欠发达地区给予较多的扶助，比如目前已有的西部科普工程项目。另一方面可以引导科普产业发展繁荣的地区对落后地区进行对口帮扶，传授产业发展经验，进行人才交流、培训等。中办、国办印发的《关于新时代进一步加强科学技术普及工作的意见》提出，推广一批实用科普产品和服务，组织实施科技下乡进村入户等科普活动，引导优质科普资源向民族地区、边疆地区、欠发达地区流动，推动形成崇尚科学的风尚，促进铸牢中华民族共同体意识和巩固拓展脱贫攻坚成果。

建立科普产业的市场准入与审核机制。为保证科普内容的质量和科普服务的品质，市场主体从事科普产业应当具有一定的资质，保障公众接收到的科普内容具有正确性、科学性，防止其被“伪科学”所误导。在科普市场化、产业化的同时，应当建立相应的市场准入制度，对主体资质进行审查。同时对信息平台领域的科普信息，鉴于其传播快、影响大等特点，应当建立审核机制，如送审或抽查，及时拦截、纠正错误、片面的科普信息。

培养科普产业人才队伍。科普产品的前期策划设计、中期制作加工、后期市场推广，再到衍生品开发以及盈利模式建立，需要兼具科普知识和经营销售知识的人才。应当鼓励高等院校、科研院所、企业、科普组织与相关机构共建科普产业人才培养基地；建设科普产业专题人才培育和培训项目的带动机制。

吸引更多的社会力量参与科普工作，可以借鉴发达国家发展科普事业的成功经验，建立起科普团体积极参与、社会组织投资共赢的科普社会化组织框架。比如美国实施的“学生—科学家伙伴关系（SSP）”计划，鼓励科研与科普并行，使科研人员、实验室等参与到科普事业中来，打造科学家科普品牌，激发青少年的创造力，培养科学精神。

高质量、可持续、多样化的科普供给，离不开产业的大发展，形成国家统筹、市场牵引、科研院所支撑的科普新格局。科普产业总体上散、小、弱，其他行业高新技术企业开展科普的市场化机制不够健全。北京、上海等科技、教育较为发达的地区，已有一些科普展教、科普出版、科普教育、科普影视、科普消费、科普游戏的实践，为科普产业奠定一定基础；一些发达国家的科普产业发展模式，也取得良好效果。这些经验探索，值得总结提炼、学习借鉴。

综上，政府一方面要加大投入、扶持力度，出台激励、优惠政策，举办各类科普活动，加强科普基础设施建设，培育科普产业发展的有利环境；另一方面要激励市场主体的加入，以政府购买的形式鼓励落后地区提升科普产品和服务的数量和质量，打造影响大、质量优的品牌项目。还应培养市场主体的自发性，提升公共服务能力，建立市场环境、明确规则，进而吸引社会资本，促进科普产业化大发展。

（六）加强经费保障刚性，提升使用效率

1994 年，中共中央、国务院《关于加强科学技术普及工作的若干意见》提出“国家将逐步增加对科普工作的投放，并给予长期、持续、稳定的支持”；与此同时，“各级政府也要采取切实可行的措施，保证对科普工作的经费投入”。近年来，财政

拨款为主的科普经费有所增长。2021 年，全国科普工作经费筹集规模为 189.07 亿元，但经费主要来自政府财政投入，筹资渠道总体上仍较为狭窄、单一。

政府科普投入经费总额虽有增长，但占比有不断下滑之势。2019 年，清华大学科研经费为 317.28 亿元，远超同年全国科普的政府投入，也可见科普经费之不均、不足。将科普经费明确列入预算，已有不少实践。比如，水利部、共青团中央、中国科协《关于加强水利科普工作的指导意见》提出各级水行政主管部门把科普工作经费列入本单位预算，实行专款专用。《科普法》修改时，可参考各地做法，在第二十三条的基础上补充规定："各级人民政府应当将科普工作纳入国民经济和社会发展规划，将科普经费明确列入同级财政预算和各级部门预算，实行专款专用，逐年提高科普投入水平，确保科普工作顺利开展。"另外，基于"同等重要"的定位，建议《科普法》在修改时应增加："科普投入的经费增长幅度，不低于科研经费增长水平。"

1. 平衡经费投入使用情况，推动各地科普事业均衡发展

科普经费的投入应向薄弱地区、重点人群适度倾斜。对于科普经费投入较少的落后地区，应对其科普资金的投入和运转提供更多支持，并且结合各地区以往的科普筹措额占 GDP 比例、三级人均科普专项经费等数据，对于科普经费的投入与使用进行平衡，避免出现科普经费投入严重不平衡的情况，推动各地区科普事业稳步发展。

2. 提高科普经费使用效率，实现科普经费效用最大化

对科普经费的高效使用，可以使有限的科普经费发挥出更大的实际作用。为此，应该对科普经费的使用情况进行优化。对于科普行政支出方面，尽量削减不必要的行政支出，使更多的经费可以用在科普场馆建设、科普活动举办等刀刃上；对于

科普场馆的建设，应结合互联网时代新特点，注重各部门之间相互配合，避免科普场馆的重复建设。结合疫情等新常态，对场馆等设施的投入，还应兼顾一专多能，以及元宇宙、自然语言处理工具等技术加持的在线模式的应用拓展。

（七）健全执法督查评估，强化制度刚性

1994 年，中共中央、国务院《关于加强科学技术普及工作的若干意见》就提出，要进一步加强对大众传媒中科技内容的管理，“要明令禁止有关涉及封建迷信或尚无科学定论、有违科学原则和精神的猎奇报道以及不良生活方式的宣传”。国务院应对新型冠状病毒肺炎疫情联防联控机制综合组《关于新冠肺炎疫情防控常态化下进一步加强健康教育工作的指导意见》提出，“加强疫情防控和其他健康科普信息监测和评估，及时清理疫情防控谣言，开展舆论引导。对于出现问题较多的健康信息平台要依法依规管理”。但总体上，当前存在各类封建迷信、伪科学活动沉渣泛起的情况，个别党政干部参神拜庙等活动在纪委监委通报中并非罕见。科普监督检查较为缺失。从制度化角度看，加强科普相关督查和监管，树立科学权威，挤压伪科学、反科学的生存传播空间，势在必行。

完善科普内容审核把关和执法机制。实践中，互联网上自媒体鱼龙混杂，各类主体居心难辨，内容真伪难辨。不乏一些机构、组织假借科普之名，进行诈骗、宣扬封建迷信甚至宣传错误意识形态之实。实践中，四川等地已探索成立专门的审核专家委员会，对科普内容进行审核。未来，应当从国家层面建立统一审核机制，加强科普内容审查，杜绝封建迷信、诈骗以及错误意识形态在线下和网络空间的横行泛滥。必须明确，科普工作一直有着意识形态的指向。早在 1954 年中华全国总工会、中华全国科学技术普及协会出台的《关于加强科学技术宣

传工作的联合指示》中就指出，科技宣传既是提高工人科技水平的重要方法，也是进行共产主义教育的有力手段。对此，建议要完善相关规则制度，强化科普工作的意识形态指向，明确科普工作不仅要注重科普场馆的投入和使用，更要重视科普工作背后的意识形态指向。

一是建议修改《科普法》第八条表述。调整为“任何单位和个人不得以科普为名从事危害国家利益、社会公共利益或者侵害公民、法人、其他组织合法权益的活动”。由此，为科普审查提供法律制度基础。

二是建立完善科普审查机制。包括但不限于：对教材、传播媒介、电子游戏等的科学性审查机制。将科普纳入质量标准和检测体系，在产品包装、说明等处提供简易科普知识。对科幻、尚未证实的科学预判、未经临床验证的疗效作科学性标注。法律法规的制定、修改和重大决策引入科学性审查。科学信息改编用于新闻报道、科普之前，应通过科学性审查。

三是建立科普执法监管机制。建议修订《科普法》时，明确科普发布的平台责任和主体责任，增加科技主管部门对伪科普、假科普等虚假科普内容的审查和处罚权力与机制，建立完善执法机制，增加市场、社会上科普主体的违法责任条款，增加其造谣传谣成本。

四是建立科普澄清机制。目前在微信、抖音、快手上存在一些伪科普内容，打着科普的幌子，兜售焦虑。此时应当建立起科普澄清机制和快速发声机制，公布正确的相关科学信息，及时消除并纠正错误信息的流毒影响，形成良性科普生态。

五是加强平台监管，提高甄别筛选能力。目前民间科普媒体是受众较多并且影响力广泛的科普宣传主体，但是随着科普宣传主体队伍的壮大，其质量良莠不齐，甚至有一些营销媒体打着科普的旗号进行伪科学的传播，这种不良媒体的存在容易破坏科普宣传的健康环境，引起公众对于科普传媒的不信任感，不利于进一步开展科普宣传活动。

六是加强对于科普乱象的整治力度。考虑设置网络科普人员身份认证机制，加大对于为吸引流量乱科普现象的惩罚力度等。对于存在传播虚假科普信息的，设置平台和媒体运营方的相应责任，加强对不良媒体、自媒体进行警示和震慑，营造科普宣传的健康环境。同时为了从源头上避免伪科学内容的产生和传播，相关平台必须明确平台责任，对于有科普标签的媒体账号和动态内容要提高门槛，加强事前审查。

七是加强第三方评估与科普经费使用效能评估。目前，我国科普经费主要去向是科普基建支出和科普活动支出，资金使用不规范、绩效不高的现象尚未杜绝。对此，应加强监管和绩效评价，对存在问题的予以通报整改。

（八）扩大科普体系覆盖面，推进均衡发展

科普涉及面广，面对的群体和需求多样。为此，科普体系需推进扩大覆盖面建设，迈向“横向到边、纵向到底”全覆盖；与此同时，还应提升科普精准度，发挥实效。可借鉴国外成功经验，挪威科学界采取“扎根地方”策略，科普活动要求“面向所有人”，特别是面向学生——培养其科学兴趣、科学精神，面向民众——破解科研活动、科研人员的神秘感，面向政界——展现研发投入的成效，面向新闻界——展示激动人心的科研故事，面向其他科研人员——相互启发科学灵感，等等。

1. 提升科学普及知识的传播力

社会公众是科普的受众，好的科普宣传应当在形式上让老百姓听得懂，在方式上让老百姓学得会，在内容上让老百姓用得上。在新时代背景之下，对于科普知识的宣传，既要注重与现代新媒体形式的结合创新，也要注重科普知识宣传的实际效

果，做好现代新媒体网络平台与报纸、电视等传统科普宣传媒介的分工，使其在各自的受众范围内以及传播内容上发挥出各自优势及应有作用。

一是发掘传统媒介的科普宣传作用。在现代社会，虽然网络等新媒体平台已经成为科普知识的主要传播平台，但是电视、报纸等传统方式仍然有其应用价值，科普知识的宣传不能仅依赖新媒体平台，还应当发掘电视、报纸等传统媒体的优势功能。比如，电视具有鲜活、直观的特点，经过几十年的发展，其受众面广泛。因此，各大科普机构、电视台可以利用电视这一特性进行科普宣传，如阶段性地以召开座谈会、观众电话调研、专家问卷调查等形式，倾听老年人等电视主要科普受众的声音，有针对性地对节目的内容和形式进行调整和改进，优化节目内容，增强科普实效和传播力。无论是在受众范围、有效度方面，还是在权威性与公信力等方面，传统媒介都具有不可替代的优势和功效，特别是对老龄人群体开展科普。传统科普媒介对青少年也具有一定影响力。青少年因学业压力以及社会、学校各类管理制度，加之各类视频软件也相继推出了青少年模式、防沉迷系统等，其对现代或传统的科普媒介的使用率与成年人相比相对较低。传统媒介依然大有可为，也需要大有作为。

二是结合新媒体平台。在网络日渐成为现代知识传播主流途径的背景之下，新媒体平台具有传播快捷、形式新颖等优势。其传播的内容不限于文字，还可以通过图片、音频、视频的方式更高效地传播科学知识。但是，因网络平台的发言方式大多不展示实名，隐蔽性强，个别宣传报道动机难辨；同时网络上发言门槛低，新媒体平台上时常存在错误信息，可信度和严谨性较差，在利用网络等新媒体传播平台进行科普的同时，还应当加大监管力度。

三是创新科普形式。科普场馆可以与电视、网络等传统媒体和新媒体联合，发挥传统科普媒介的权威性，依托新媒体传播快捷、样式新颖的优势，针对不同人群的特点和需求，创新科普的内容和形式，以公众更加喜闻乐见的方式走进大众视野，扩大科普传播的影响力。

2. 增强科普知识的吸引力

一是提升内容趣味性，寓教于乐、润物无声。具备专业知识的高校院所、科研人员等虽然是科普信息传播的主力军，但由于专业的科学知识大多枯燥乏味、晦涩难懂，很少有人具备相关基础知识以阅读该类知识，大众无法理解和接受，阅读意愿降低，因此专业知识传播力较差，传播效果较弱。对此，科普机构和场馆在进行科普知识宣传的过程中，应当创新表现形式，将专业的科学知识转化为通俗易懂的科普知识，倾听公众声音，以公众易于理解、接受、参与的方式呈现和传播科普知识，提升其阅读兴趣。如用电视科普节目、公益广告、纪录片等手段将科普知识进行情景化传播和动态记录，将科学知识寓教于乐，从而在轻松愉快的科普活动之中使科学知识得到传播，完成科普工作。

二是紧跟社会热点，更好地回应社会关切。社会热点与公众的关注度相辅相成。科普场馆和机构应当抓住社会热点、关注社会舆情做好科普。在各类重大突发公共卫生事件等社会舆情、网络谣言出现时，科普场馆、科普机构等科普职能部门应当及时发布相关权威科学信息，回应社会关切，将社会舆情和热点信息作为科普切入点；同时发布其他相关科普信息，在正确引导舆论的同时，还能提升科普的有效度和影响力，对于增强社会公众的辨识能力也起到重要作用。

三是提升基层科普水平，打通最后一公里。开展全国科普示范县创建活动。在已有科普示范县（市、区）创建的基础上，推动区域性和领域性的科普示范创建工作。在中小学，可总结科学探索实验室等机制予以推广；并加强中小学师资的科学素养建设，将科学理念、科学精神纳入教师培训体系。抓好基层组织科普建设。要在法律上明确乡镇、村、社区在科普中的组织责任，尤其是面对属地重大公共卫生、安全生产等问题，应当动员组织科普人员深入田间地头，为村民答疑解惑。在基本公共服务均等化的背景下，可在政务服务大厅、社区服务设施、社区图书馆等公共服务设施、平台叠加科普功能，拓展科普服务，增强科普的可及性。县级政府结合辖区情况，制定明确的村、社区科普工作制度、工作计划等，尤其应探索与应用合理、有效的科普工作考评制度，激励相关责任人自觉、认真落实农村科普工作。对此，《科普法》在修改时，考虑增加社区科普，并纳入社区公共服务的相关规范。

四是推动科普学科建设，提供坚实理论支撑。对于科普事业与产业的可持续发展而言，科普理论研究和学科设置，非常重要。清华大学、浙江大学等高校设置了科普专业或方向，但一直缺乏较为稳定的师资，统一的课程体系。《全民科学素质行动规划纲要（2021—2035 年）》要求“建立高校科普人才培养联盟，加大高层次科普专门人才培养力度，推动设立科普专业”。今后，应将政策与立法相结合，在法治轨道上推动科普学科的健全；推动各类、各级相关学会开展科普理论研究，提升科普咨询、内容生产和服务能力。借鉴相关立法经验，可在《科普法》促进措施部分，增加如下内容：“学校等教育机构应当将科学技术普及纳入教育教学内容。国家鼓励高等学校培养科普专业人才，支持高等学校和科研机构开展科普理论研究。国家鼓励各类学会设置科普分会，开展科普理论研究。”

（九）加强科普平台建设，完善科普资源库

科普宣传的阵地，我们不去占领，别人就会去占领。一些地方放任阵地丢失，致使年轻人崇尚“小鲜肉”和“网红”，

老年人迷信各类虚假养生产品，存在潜在的社会风险。对此，应线上线下共同发力，加强科普平台阵地建设。在线下，各级科技主管部门加强各地科普走廊、科普场馆、LED 科普视频的建设。与此同时，守土有责做好内容审查，对存在问题的内容及时进行整改和纠正。

一是丰富各类科普节日。在宪法宣传方面有专门的“12·4宪法宣传日”，以彰显宪法的地位。在农业科技方面，全国不少地区设置有农民科技节，例如，《黑龙江省科学技术普及条例》第十七条规定，每年的农历正月十六为农民科技节。县级以上人民政府应当在农民科技节期间，组织开展农民科技竞赛、举办农业科技讲座等活动。未来，为了更好地推进农业科普工作，建议《农业法》修订时在第七章“农业科技与农业教育”中增加“全国层面设定农业科技节”的规范。针对工人等群体、领域，也可设置类似节日活动。

二是着力激活各类科普场所设施。我国的科普，既存在投入不足、场馆总量不够的问题，也存在已有科普场所设施“闲置”的问题。以气象类科技馆为例，2019 年度参观人数超过 1 万人次的省份仅有河南、山西、广东、江苏 4 个。总体上，专项类科技馆冷冷清清、门可罗雀，体验人数与当地人口不成比例的现象较为突出。不少科技场馆设施老化、展品陈旧，科普形式单调乏味，手段严重落后，缺乏互动体验。一些科技场馆建设片面追求外观而忽视展览内容，重视场馆一次性投资而忽略常规运行维护。三类主要科普场馆的单馆年度参观人数，从 2016 年的 8.7 万人次，上升到 2019 年的 12.48 万人次，年度按面积计算的人次数也小幅上升，达到 35.67—43.32 人次/平方米，但仍然还有较大提升空间。为此，应当增强科普资源利用效能，提升科普设施造血功能。完善科普场馆基地的全流程管理机制，提升运行质量和运行效能，逐步实现自我循环，良性发展。推广科普场所设施与中小学的深度合作，利用科普场所开展各类学习实践活动。完善科技场馆收费减免机制。通过奖励、补贴等方式，推动有条件的科技场馆免费开放，或者在各类科普相关活动期间免费，使得更多民众有机会接受相关科普。

三是各方合作联动开展主题科普活动。除了科普日、科普周，还应用好全国防灾减灾日、中国航天日、国际减灾日、世界粮食日、世界气象日、世界环境日、世界食品安全日、世界地球日、世界海洋日、全民国家安全教育日等时间节点，开展科普沙龙、专家解读等各类科普活动。鼓励科学家与科普工作者、出版社、影视机构、展品制作单位、科普企业的联合开发，鼓励科普与文学艺术的跨界合作。建议《科普法》修改时新增如下条款："国家鼓励和支持高校院所、自然人、企业、慈善组织等联合开发多种形式的科普活动，支持公职人员、科研人员带头参与各种科普活动。"

四是持续优化科普专家库与人才建设结构。科普队伍需要加强，系各部门、各地区在推进科普工作的共同认识。为此，首先，建立完善国家科普专家库，探索在各领域建立首席科普专家制度或首席科学传播专家制度。其次，加强科普管理人才、科普专员、科普储备人才等分类、分层次培训，建设一支规模大、素质高的科普人才队伍。四川省对于从事科普工作的人员职称评审，增设了科普助理研究员、副研究员和研究员职称。天津市设立科学传播专业职称。在这些探索做法的基础上，如何形成全国统一的科普职称模式问题，应尽快提上议事日程。最后，完善科普志愿者与科普志愿服务机制。应建立科普志愿服务供需对接机制，探索服务各方需求的精准对接、及时响应机制。对做出突出成效的科普志愿者，予以表扬鼓励，以吸引更多有志之士投身科普活动。

五是发挥好高校院所与科学家的作用。高校院所与科学家，在科普中有着无可替代的优势和功能。相比普通新闻媒体，科学家的讲述更加专业、清晰。目前，虽然各大高校、科研院所逐渐融入科普工作中，但总体上处于自发自由的状态，与基层群众的接触较少，还停留在高校、科研院所的内部。已有的科普活动主要以讲座等学术方式进行，对普通群众缺乏吸引力。科普工作相较于其他科研工作见效慢、收益少，甚至被一些科技人员所不屑。高校层面也缺乏对科普工作的重视，缺乏激励规范，甚至出现了高校教师因为进行科普工作而被拒绝科研项目申报的情况。对此，一方面可以加大对于科普工作的宣传力度，例如在各大高校设置科普相关课程，将科普工作纳入教师、科研人员的年度考核标准，逐步改变把论文篇数和SCI期刊发表数等相关指标作为前置条件和评审的唯一依据的情况。另一方面，对做出重大贡献的人员予以嘉奖，对深入群众开展科普活动的科研人员给予激励，发掘其积极性并发挥其专长，必将取得意想不到的成果。

六是推进科普工作与行业从业人员素质提升的深度融合。以农业科普为例，应当进一步深入挖掘科普队伍的培训资源，科普团队可以向社会广泛招募，优化团队人员构成，从企业、院校、政府、事业单位、公众、媒体等广泛吸纳人才。同时，科普团队要与农村紧密协作，做到懂农业、爱农业、善农业，加大对成员的能力培训，提升服务力度，以形成较为稳定的科普团队结构。

七是落实各方工作责任。各级科技主管部门以及科协应当以习近平新时代中国特色社会主义思想为指导，做好全国科技工作者日、全国科普日、世界粮食日、科普进社区、进企业等大型科普活动，利用科普活动加大宣传。

八是搭建各单位共同参与的综合性科普工作平台，建立科普资源库。推动基层科普服务平台与国家平台的互通互联，形成覆盖全国的科普服务网络，促进优质科普资源的共建共享共用。国家应着力推动各类科技计划、项目、基金与科普工作相衔接，围绕新近科技攻关成果开展科普宣传。首先是充分发挥科技设施的科普功能。其次是提升科技专业人员的科普能力。最后是将前沿科研成果进行科普转化。由此，不断提升社会各界对新技术、新产业的认知水平，引领形成理解创新、支持创新的社会氛围。

九是以科普提升全民反诈能力。近年来，诈骗活动出现蹭科技热点的趋势。比如，以元宇宙投资、元宇宙链游为名的非法集资、诈骗较为多发。为此，通过科普加速知识传播，提升普通企业、民众对科技类诈骗的辨识能力，非常紧迫。

（十）促进开发转化，兼顾权威性与传播力

生动有趣的科普对于激发受众特别是青少年的好奇心、想象力，增进科学兴趣和求知欲意义重大。“寓教于乐”，将现代信息技术与科普深度融合，场景式、体验式、沉浸式，打造一批科普数字化应用示范场景，成为科普的主要形式，这对于增强科普传播力、影响力至关重要。

善于运用新兴社会力量和新媒体推动科普工作。随着新媒体和短视频平台的快速发展，公众接受知识信息更具碎片化、影像化等特征。在新形势下，科普工作也应当顺势而为，利用“大数据”“人工智能”等新技术，大力发展新媒体科学传播，充分利用现有的科学传播网络平台，促进媒体与科学共同体的深度合作，增强科学传播的专业性和权威性。

让群众看得到，听得懂、听得进，是科普工作发挥实际效能的前提所在。科普的实施，有必要用好新型媒介平台，结合漫画、直播、视频、文字、图片等多种形式，打通微信、抖音、快手、头条、知乎等各类新媒体平台，把复杂专业的科学技术知识用通俗易懂、简单有趣的方式告知公众，不断拓宽传播边界，构建科普新模式。政府应完善关于网络科普、新媒体的政策，加强引导，给各种社会力量以更多科普的平台。为此，建

议从以下方面加以改进现有科普工作。

一是构建一次创作、多次开发、多种方式呈现的科普内容生产传播机制。注重科普信息落地应用，使之与智慧教育、智慧城市、智慧社区等深度融合。在推动读本、音视频、漫画等传统科普作品产出的同时，应用 VR、AR、MR 等新技术，打造兼具科学性与趣味性于一体的科普产品，提供自救互救模拟、游戏等感知更深刻的科普模式。

二是以官方统一平台为核心，形成各类媒体多渠道融合互补的科普模式。持续推动“科普中国”（https：//www. kepuchina. cn/）平台建设，《科普法》修改时，赋予“科普中国”以法定地位，提升科普资源汇集、整理、转化、应用、再开发的能力。可考虑做出如下规定：“国家应在统一的国家科普平台，发布科普信息、辟谣信息，并提供科普相关的需求、解读等信息。”

发展至今，科普与教育、文化、宣传迈向融合化发展。有必要发挥新媒体传播速度快、互动性强、覆盖面广等优势，支持适应其特点的内容创造和传播载体建设。应当鼓励、引导政治过硬、信念坚定的科研工作者、科普达人、专家学者主动入驻 B 站、知乎、西瓜视频、抖音、快手等平台，丰富线上科普内容，强化阵地建设。与此同时，应将网络科普纳入奖励表彰体系。每年评选优秀的网络科普工作者和科普成果并进行表彰，加大对于网络科普的资金投入，让社会力量不再局限于线下，在线上的各个角落也可以绽放异彩。

（十一）完善科普奖励表彰，增强美誉度

《科普法》第二十九条规定：“各级人民政府、科学技术协会和有关单位都应当支持科普工作者开展科普工作，对在科普工作中做出重要贡献的组织和个人，予以表彰和奖励。”为贯彻实施《科普法》，中国科普作家协会设立了中国科普作家协会优

秀科普作品奖，用于表彰奖励国内公开出版发行的中文优秀科普作品的作者和出版机构。2022 年，第七届“中国科普作家协会优秀科普作品奖”的评奖活动启动，设“科普图书奖”“科普影视动画奖”“青年短篇科普佳作奖”三个类别。科技部组织开展优秀科普作品推荐，推出优秀科普作品，向全社会推荐阅读，起到一定积极效果。有一些科普项目也获得了国家科技进步奖，地方如广东省将科普奖励纳入科技进步奖二等奖，但是考虑到科普的科技含量有时难以定性，整体上看科普项目在奖励数量、条件上尚未形成明确的规范体系和奖励序列。总而言之，科普奖的奖励分量不重，效果不够突出，时间上较为滞后，社会关注度不高，影响力不强。

一方面，要设置全国性科普奖和地方科普奖，纳入法律规范体系。一些部委在探索本行业的全国性奖项做法，如水利部在水利行业科学技术最高奖“大禹奖”的奖励类别中，已专门增加科普奖项。在立法层面，应借鉴《慈善法》第九十一条等法律规范的经验，对《科普法》第二十九条进行修改，明确“国家建立科普表彰制度，对在科普事业发展中做出突出贡献的自然人、法人和其他组织，由县级以上人民政府或者有关部门予以表彰”。由此，科普表彰成为法定的国家奖励表彰制度。在实施层面，建议在国家科技奖励体系明确增设科普奖。可借鉴国家科学技术奖特别是国家最高科学技术奖的经验，设置专项的国家科技普及奖或科技传播奖，纳入国家科学技术奖体系，提高其尊荣度。在流程上，候选人可参加竞争，引入社会海选环节，最后由专家评审，使这项活动本身也成为社会关注和参与的科普盛事。

另一方面，鼓励社会组织、基金会等设立科普奖项。打造一批专业、公正、社会较为认可的社会科普奖项，奖项的提名、竞争和发放由社会各界广泛参与并运作。科协、科研院所、企业、社会组织均可提名候选人。

（十二）完善调查统计，编制科普年报向社会公开

科普调查统计、公民科学素质测评是科普工作的基础性工作，有待常态化和制度化。建议将科普调查统计纳入国家统计体系。鼓励地方制定研发区域科普发展指标，并定期向社会发布科普发展报告。鼓励将综合性科普工作指标或特定类型、领域的专项科普工作指标，纳入文明城市、卫生城镇、园林城市、环境保护模范城市等评选指标体系，并适度确定其权重。

考虑科普发展年度报告入法。在《科普法》修改时，借鉴政府信息公开、法治政府建设年度报告等经验，增加科普发展年度报告的条款。可设置如下条文："县级以上人民政府科技行政管理部门应当在每年3月31日前向本级政府提交本地区上一年度科普工作年度报告并向社会公布。"

（十三）加强科普对外交流，发出中国声音

气候变化、能源资源、公共卫生等全球性问题，亟待各国加强科技治理，需要科学普及在国际交流合作中更好地发挥其不可或缺的作用。2018年9月17日，习近平主席在致世界公众科学素质促进大会的贺信中指出："中国积极同世界各国开展科普交流，分享增强人民科学素质的经验做法，以推动共享发展成果，共建繁荣世界。"我们要以上述重要论述为遵循，以提升国家文化软实力和国际影响力为宗旨，不断促进科普对外的双边、多边等国际交流合作，推动优质科普资源"请进来"和"走出去"，既要鼓励引进国外优秀科普成果，还应支持科研院所、科普基地加强与境外相关机构的合作，共同实施科普项目，要推动重点领域国际科普合作，加强应急科普，传染病、公共卫生科普相关的国际合作交流，借鉴国外先进经验，提升科普

工作能力。在此基础上，应积极加入国际性科普组织，适时牵头创新区域性、专业性、国际性科普组织，积极举办、承办国际科普论坛、科普竞赛等活动。由此，在国际交流中扬长补短，并积极发出中国声音、提供中国方案。

结　语

从传统意义来讲，科普强调传播科学知识，抵制封建迷信，帮助公众建立科学思维、养成科学的生活方式。在社会不断发展的进程中，科普的内涵、方式不断丰富，已经成为具有深远意义的社会工程和战略性任务。开展科普工作不仅是为了提倡科学、提高生活质量，还是为了提高全民科学素质、实现各类群体全面发展，更是为了国家提高自主创新能力、建设创新型国家。因此，为保证科普工作更好地为个人、社会、国家服务，必须使各部门、各领域提高重视程度，构建科普新发展格局。

自 2002 年《科普法》实施以来，我国在中央和地方建立起科普组织管理体系，出台了一系列科普政策规划，划分了重点科普人群，对科普经费投入、科普设施建设、科普人才培养、科普产业发展等具体工作做出了指引，使得我国科普理念、科普实践、公民科学素质建设取得了一定的成就。但是科普工作还具有较大的进步空间，需要全面修订完善《科普法》，对相关政策、管理体制、各领域科普安排做出优化更新，使得法律规范更符合社会经济发展的要求，为建设科技强国夯实法治根基。

后　记

党和政府有着重视科学技术普及的优良传统。近年来，科普工作迈入法治轨道，相关法规规章、规划纲要密集出台，科普组织机构与管理体制不断加强，科普设施与科普活动广泛开展，人民群众科学素养大幅提升。随着新一轮科技革命与产业变革深入发展，国内外经济社会形势深刻变化，在法治轨道上进一步强化科普“软实力”战略支撑，既有必要性，又有紧迫性。

2022 年，值《科学技术普及法》实施二十年之际，中国社会科学院法学研究所接受科学技术部的委托，对《科学技术普及法》的实施状况进行了全面和深入的分析，内容涉及科普政策及规划，科普设施，重点人群科普，科普宣教活动，应急科普建设，经费投入保障，科普产业发展，科普人才队伍建设等领域。报告通过客观总结科普法实施成效，存在的问题与面临的挑战，兼顾使命导向与问题导向，就理念精神、修改路径、制度完善、机制优化等方面，提出制度顶层设计与法律修改的意见建议。

习近平总书记强调，“科技创新、科学普及是实现创新发展的两翼，要把科学普及放在与科技创新同等重要的位置”，这既为新时代科普工作提供了根本遵循，也为法律实施效果评估和法律修改完善提供了前所未有的良好契机。

在研究和成稿过程中，得到了科学技术部有关领导，全国各地关心科普的专家学者和实务部门的关注和支持，并始终得到中国社会科学出版社社长赵剑英教授、总编辑杨志勇教授、原副总编辑王茵编审的关心和帮助。中国社会科学院国家法治指数研究中心的吕艳滨研究员、王小梅副研究员、栗燕杰副研究员、王祎茗副研究员和刘雁鹏助理研究员，研究助理李玥、车宇婷，以及中国社会科学院大学法学院学生王巧、王淑敏、刘定、刘玉娇、刘烨宁、刘海啸、许奎、牟璐宁、李为汉、李自旺、李亦辰、杨博、苑媛、昝蓉蓉、袁晴、常丽、常九如、葛鑫鑫、韩佳恒、赖宇琛、詹雨青、廖娅杰（按照姓氏笔画排序）协助搜集了大量资料，并进行了初步分析和复查，对书稿进行了校对。我们对此深表感谢。

本书杀青之际，《科学技术普及法》的修改已进入全国人大常委会议事日程。期望通过法律修改和配套制度完善，进一步理顺科普管理体制，强化相关部门的主体责任，发挥各方主体的积极性，与时俱进做好科普工作，为树立全民科学观念、涵养全社会科学精神、培育创新精神提供源源不断的制度动能，更好发挥科普在国家创新发展的基石作用。